ane Leclerc

L'essentiel du Droit des institutions de l'Union européenne

4e édition

À jour de l'Europe des 28

2013-2014

Gualino

lextenso éditions

LES CARRÉS

Cette collection de livres présente de manière **synthétique, rigoureuse** et **pratique** l'ensemble des connaissances que l'étudiant doit posséder sur le sujet traité. Elle couvre :

- **le Droit et la Science Politique ;**
- **les Sciences économiques ;**
- **les Sciences de gestion ;**
- **les concours de la Fonction publique.**

33 rue du Mail 75081 Paris cedex 02
ISBN 978 - 2 - 297 - 03196 - 7
ISSN 1288-8206

Présentation

Cet *Essentiel* a pour ambition de présenter de manière à la fois simple et exhaustive ***les institutions de l'Union européenne***. Il développe successivement, de façon synthétique et structurée :

- ***l'histoire de la construction de l'Union européenne*** : la naissance des Communautés européennes (Chapitre 1) ; la dynamique de l'intégration (Chapitre 2) ;
- ***les moyens de l'Union européenne*** : les moyens juridiques (Chapitre 3) ; les moyens humains et matériels (Chapitre 4) ;
- ***la structure institutionnelle de l'Union européenne*** : le Conseil européen (Chapitre 5) ; le Conseil (Chapitre 6) ; la Commission européenne (Chapitre 7) ; le Parlement européen (Chapitre 8) ; la Cour de justice de l'Union européenne (Chapitre 9) ; la Cour des comptes (Chapitre 10) ; les institutions, organes et organismes complémentaires (Chapitre 11).

Chaque chapitre tient compte des évolutions les plus récentes et plus particulièrement de celles induites par le Traité de Lisbonne entré en vigueur le 1er décembre 2009 et par le Traité d'adhésion de la Croatie à l'Union européenne entré en vigueur le 1er juillet 2013. En fin d'ouvrage, le lecteur trouvera un récapitulatif des grandes dates de l'intégration européenne ainsi que des conseils bibliographiques.

Ainsi conçu, cet *Essentiel* s'adresse en priorité aux étudiants en Droit et à ceux des Instituts d'études politiques (IEP). Il est également destiné aux étudiants des autres filières qui doivent connaître cette matière : Sciences économiques, AES, Instituts universitaires professionnalisés (IUP), Instituts universitaires de technologie (IUT), Instituts d'administration des entreprises (IAE), Instituts de préparation à l'administration générale (IPAG), Instituts d'études judiciaires (IEJ), Écoles de commerce... Il intéresse aussi tous les candidats aux concours de la fonction publique (territoriale, nationale, européenne).

Enfin, en cette période cruciale pour l'Europe, tous ceux qui s'intéressent à sa construction et à son fonctionnement institutionnel trouveront dans cet *Essentiel* les réponses actuelles à l'ensemble de leurs questions.

SOMMAIRE

2
Les moyens de l'Union européenne

3
La structure institutionnelle de l'Union européenne

PARTIE 1

Des Communautés européennes à l'Union européenne

La naissance des Communautés européennes

« L'Europe ne se fera pas d'un coup, ni dans une construction d'ensemble : elle se fera par les réalisations concrètes, créant d'abord une solidarité de fait. »
Robert Schuman, Déclaration du 9 mai 1950, Quai d'Orsay.

CHAPITRE
1

1 Le Plan Schuman et la création de la Communauté européenne du charbon et de l'acier (1951)

Le discours de ***Robert Schuman,*** plus communément dénommé la ***Déclaration de Paris*** et prononcé le ***9 mai 1950*** à Paris, constitue l'acte fondateur de l'Europe communautaire. Le Plan Schuman, inspiré par ***Jean Monnet*** vise à réaliser deux objectifs : d'une part, sceller, à court terme, la réconciliation franco-allemande en plaçant « *l'ensemble de la production franco-allemande de charbon et d'acier sous une Haute Autorité commune, dans une organisation ouverte à la participation des autres pays d'Europe* » et d'autre part, jeter les premières assises, à plus long terme, d'une union politique européenne. Ainsi, le Plan Schuman est fondé non pas sur une logique globale et fédéraliste mais sur une ***approche sectorielle***, ***fonctionnaliste*** et ***progressive***. En effet, l'instauration de ce marché commun limité aux seuls secteurs du charbon et de l'acier n'est pas conçue comme une fin en soi mais comme un premier pas et l'expérimentation d'une nouvelle formule qui créera progressivement et inéluctablement des ***solidarités de fait*** entre les États membres les conduisant ainsi sur la voie de ***l'intégration politique***.

La Déclaration de Paris aboutit à la signature à Paris le 18 avril 1951 du ***Traité instituant la Communauté européenne du charbon et de l'acier***. Outre la France et la République fédérale d'Allemagne (RFA), le Traité CECA, aussi dénommé ***traité de Paris***, réunit également l'Italie et les États du Benelux, à savoir la Belgique, les Pays-Bas et le Luxembourg. Ce traité, entré en vigueur le 23 juillet 1952, institue la ***première organisation d'intégration*** car les six États fondateurs de cette Communauté ont attribué des compétences qui leur étaient jusqu'à présent réservées à des institutions communes qui leur sont superposées, qui en ont désormais la charge et qui peuvent adopter des décisions à caractère obligatoire. De fait, la structure institutionnelle de la CECA se distingue de celles des organisations classiques de coopération interétatique. Le pouvoir décisionnel appartient pour l'essentiel à une Haute Autorité composée de personnalités indépendantes des États membres et disposant du pouvoir décisionnel associée à un Conseil composé de représentants des États membres. Une Cour de justice et une Assemblée parlementaire composée de parlementaires nationaux complètent cet édifice institutionnel. Jean Monnet sera le premier président de la Haute Autorité. Le Traité CECA, conclu pour une ***durée de 50 ans***, est venu à ***expiration le 23 juillet 2002***. Le charbon et l'acier ont perdu leur régime particulier et relèvent désormais de l'Union européenne.

2 L'échec de la Communauté européenne de défense (1952)

Dès la fin des années quarante, face à la menace soviétique et à l'aggravation des tensions Est-Ouest, il devient impératif pour les Américains et leurs alliés occidentaux de réarmer la RFA afin qu'elle participe à la défense de l'Europe. Il va sans dire qu'à l'époque l'idée même de la renaissance d'une armée allemande indépendante est intolérable pour les opinions publiques française et anglaise. C'est dans ce contexte que René Pleven, alors président du Conseil français, propose en octobre 1950 de créer une armée européenne placée sous commandement commun et intégrant des unités allemandes. Le ***Plan Pleven***, qui constitue en fait une transcription au domaine militaire du Plan Schuman pour la sidérurgie et le charbon alors en discussion, permettrait de réarmer la RFA sans pour autant la conduire à disposer d'une armée autonome. Après d'âpres négociations, le ***Traité instituant la Communauté européenne de défense*** (CED) est signé entre les Six de la CECA le 27 mai 1952. Dans le même temps, les Six décident d'insérer cette défense européenne dans un projet politique plus vaste et confient le soin à une assemblée *ad hoc* présidée par le Belge ***Paul Henri Spaak*** d'élaborer un projet de ***Communauté politique européenne***. Malgré la ratification de la CED par la RFA et les trois États du Benelux, l'Assemblée nationale française ***refuse la ratification*** de ce nouveau traité le 30 août 1954 par le simple vote d'une question préalable. Ce « non » français entraîne du même coup dans sa chute l'abandon du projet de Communauté politique. Cette première crise européenne est lourde de conséquences car elle conduit les États européens à dissocier intégration politique et intégration économique et à renoncer pendant plusieurs décennies à la construction d'une Europe politique.

3 La relance de la construction européenne : la Communauté économique européenne et la Communauté européenne de l'énergie atomique (1957)

Les États membres de la CECA se retrouvent à Messine en juin 1955 afin de désigner un successeur à Jean Monnet qui a démissionné de ses fonctions à la suite de l'échec de la CED. C'est également à l'occasion de cette ***conférence de Messine*** que les Six décident, suite aux mémorandums présentés par les pays du Benelux, de confier la charge à un comité, présidé par le Belge ***Paul Henri Spaak***, d'étudier la possibilité de créer un marché commun européen s'étendant à l'ensemble des activités économiques. Le ***rapport Spaak***, approuvé lors de la ***conférence de Venise*** de mai 1956, sert de document de travail à la conférence intergouvernementale qui aboutit à la création de deux nouvelles Communautés, l'une couvrant l'ensemble des secteurs économiques, la ***Communauté économique européenne*** (CEE), l'autre sectorielle, la ***Communauté européenne de l'énergie atomique*** (CEEA). Les Traités CEE et CEEA, signés par les Six au Capitole à Rome le 25 mars 1957, entrent en vigueur le 1er janvier 1958 pour une ***durée illimitée***. Sur le plan institutionnel, les ***traités de Rome*** s'inspirent largement du traité de Paris tout en gommant néanmoins certains aspects supranationaux de la CECA. Ainsi, la Commission, équivalent de la Haute Autorité CECA, n'est plus l'organe décisionnel de l'architecture institutionnelle. Ce rôle est désormais dévolu au Conseil, l'institution intergouvernementale. Sur le plan matériel, le Traité CEE vise à créer un marché commun entre les Six et prévoit un rapprochement des législations nationales ainsi que l'élaboration de politiques sectorielles communes, notamment dans les domaines de l'agriculture, des transports et des relations commerciales avec les pays tiers. Quant au Traité CEEA, il vise à promouvoir l'utilisation de l'énergie nucléaire à des fins pacifiques et à assurer la création et la croissance rapide de l'industrie nucléaire des Six dans l'objectif de réduire leur dépendance énergétique vis-à-vis des pays tiers et de leur permettre de répondre au déficit des formes traditionnelles d'énergie et aux prévisions d'augmentation des besoins énergétiques.

4 Les évolutions institutionnelles des Communautés européennes jusqu'à l'Acte unique européen de 1986

■ *L'unification des exécutifs communautaires*

Au moment de la conclusion des traités de Rome, la structure institutionnelle des Communautés européennes demeure encore inachevée. En effet, si la Convention relative à certaines institutions communes du 25 mars 1957 annexée aux traités de Rome fusionne, pour les trois Communautés, l'Assemblée parlementaire et la Cour de justice, il n'en est pas de même pour leurs exécutifs. Les Communautés européennes comprennent donc, au lendemain de l'entrée en vigueur des traités de Rome, une Haute Autorité CECA, une Commission CEE, une Commission CEEA ainsi que trois Conseils qui disposent d'attributions différentes selon les traités.

Le ***Traité de Bruxelles*** du 8 avril 1965, couramment dénommé « ***traité de fusion*** », unifie notamment les exécutifs des trois Communautés respectives en créant un ***Conseil unique*** et une ***Commission unique***. Ce traité dote par ailleurs les Communautés européennes d'une administration, d'un budget et d'un statut du personnel uniques. Il lui est enfin annexé un protocole unique sur les privilèges et immunités se substituant au protocole spécifique à chaque Communauté. Le Traité de Bruxelles, entré en vigueur le 1er juillet 1967, ne procède pas à une réduction organique mais à une fusion organique dans la mesure où il ne modifie en rien le fonctionnement des institutions ni même leurs compétences respectives.

■ *Le compromis de Luxembourg*

Dès l'origine, le Traité CEE prévoyait que le vote à la majorité qualifiée au sein du Conseil se substituerait, à compter du 1er janvier 1966 et dans un certain nombre de matières, au vote à l'unanimité. Le gouvernement français, qui s'oppose catégoriquement à cette réforme institutionnelle, décide, en juin 1965, de cesser de participer à l'activité et au fonctionnement des Communautés. Cette crise de la « ***chaise vide*** » trouvera son dénouement lors d'une réunion extraordinaire du Conseil à laquelle la France consent à participer en janvier 1966 à Luxembourg à l'issue de laquelle un arrangement est trouvé : ***le compromis de Luxembourg***.

En réalité, ce compromis n'est que la constatation d'un désaccord fondamental entre la France et ses partenaires. Certes, les Six conviennent unanimement de rechercher une solution acceptable par tous « *lorsque, dans le cas de décisions susceptibles d'être prises à la majorité sur proposition de la Commission, des intérêts très importants d'un ou de plusieurs partenaires sont en jeu* ». En revanche, aucun accord n'aboutit « *sur ce qui devrait être fait au cas où aucune solution de conciliation n'est trouvée* ». Pour les cinq autres États, dès lors qu'un délai raisonnable s'est écoulé et qu'un compromis n'a pas été trouvé, les règles de majorité prévues par le Traité CEE doivent être appliquées alors que pour la France ces mêmes règles doivent être écartées et la discussion doit se poursuivre lorsqu'un État invoque un intérêt très important. Bien que dénué de toute valeur juridique, le compromis de Luxembourg va néanmoins infléchir la pratique dans le sens souhaité par la France. En effet, cet arrangement va générer au sein du Conseil un usage selon lequel cette institution ne recourt pratiquement jamais au vote lorsqu'il doit adopter un acte juridique mais statue au contraire par consensus qu'il s'agisse ou non d'ailleurs de domaines relevant d'intérêts très importants des États membres. De fait, le compromis de Luxembourg rétablit ainsi dans la pratique la règle de l'unanimité. Il constituera un frein à l'intégration communautaire et entraînera même une relative paralysie du Conseil dans les années soixante et soixante-dix. Ce n'est qu'à partir de l'Acte unique européen de 1986 que les États membres accepteront de s'en détourner.

L'instauration de la coopération politique européenne

Alors même que les traités originels n'avaient prévu que la création des seules institutions, les chefs d'État ou de gouvernement des États membres instaurent, en marge du système institutionnel des Communautés, la pratique des ***sommets***. Le premier sommet européen se déroule à Paris en février 1961 à l'initiative du général de Gaulle. Ce dernier propose à ses homologues européens d'instaurer une coopération politique entre les États européens selon la méthode classique de la coopération intergouvernementale en vue de fixer les grandes orientations de la construction communautaire et d'engager l'Europe sur la voie d'une union politique. Cette pratique est institutionnalisée lors du sommet de Paris de décembre 1974. C'est également à l'occasion de ce sommet que les chefs d'État ou de gouvernement des États membres conviennent que cet organe sera tout autant un ***organe de coopération politique*** au sein duquel ils pourront évoquer librement les problèmes de politique étrangère en dehors du champ des traités communautaires qu'un ***organe de facto de l'ordre institutionnel des Communautés européennes***. En effet, les chefs d'État ou de gouvernement décident de se comporter en définitive comme une formation spécifique du Conseil puisqu'ils y évoqueront les questions communautaires sensibles ou qu'ils y définiront les grandes orientations générales qu'ils entendent donner à l'intégration européenne avant de renvoyer aux institutions le soin de les mettre en œuvre concrètement en adoptant les actes appropriés. Le sommet se transformera avec le temps en ***Conseil européen***. L'Acte unique européen consacrera juridiquement son existence.

L'élection du Parlement européen au suffrage universel direct

Les traités instituant les Communautés européennes avaient prévu la possibilité de l'élection des membres de l'assemblée au suffrage universel direct (art. 21, TCECA ; 138 § 3, TCEE ; 108 § 3, TCEEA). Toutefois et malgré cette possibilité offerte par les traités originels, le Parlement européen sera composé dans un premier temps de délégués désignés par les Parlements nationaux. Ce n'est en effet que le 20 septembre 1976 que la décision du Conseil et son Acte annexé portant élection des représentants à l'assemblée au suffrage universel direct ont été adoptés (*JO n° L278 du 8 octobre 1976*). Cette décision, ratifiée par tous les États membres, est entrée en vigueur le 1er juillet 1978. La première élection des membres du Parlement européen au suffrage universel direct a eu lieu en *juin 1979* et depuis, elles se sont succédé ***tous les cinq ans***. Les Communautés européennes constituent ainsi les seules organisations internationales dont l'assemblée est ***directement élue par les citoyens des États membres***.

■ L'autonomie financière des Communautés européennes et le renforcement des prérogatives budgétaires du Parlement européen

Initialement, les Communautés européennes étaient financées par le biais de ***contributions financières*** acquittées par les États membres en fonction d'une clef de répartition propre à chacun d'eux. Toutefois, les traités de Rome avaient prévu le passage à un financement par des ***ressources propres***. Il appartenait au Conseil, statuant à l'unanimité sur proposition de la Commission et après consultation du Parlement européen, d'arrêter les dispositions relatives au système des ressources propres, lesquelles devaient être ensuite ratifiées par les États membres conformément à leurs règles constitutionnelles respectives (art. 201, TCEE ; art. 173, TCEEA). Les chefs d'État ou de gouvernement décident lors du Sommet de La Haye (1er-2 septembre 1969) de doter les Communautés européennes d'un ***financement autonome***. Les premières ressources propres seront instaurées par la décision du Conseil du 21 avril 1970 (*JO n° L94 du 28 avril 1970*) et ont fait l'objet depuis de nombreuses évolutions.

À compter du moment où les Communautés européennes ont été dotées de ressources propres, il est devenu impératif d'associer le Parlement européen à leur utilisation et à leur contrôle. Le ***Traité de Luxembourg*** du 22 avril 1970 et le ***Traité de Bruxelles*** du 22 juillet 1975 sont venus modifier successivement les pouvoirs de cette institution qui devient alors ***codétenteur du pouvoir budgétaire*** avec le Conseil.

La dynamique de l'intégration

Chapitre 2

Depuis la création des Communautés européennes, la construction communautaire se poursuit dans deux directions complémentaires : d'une part, approfondissement du processus d'intégration avec le basculement à l'Union européenne et, d'autre part, élargissement géographique avec l'adhésion de nouveaux États membres.

1 Les approfondissements institutionnels : le basculement à l'Union européenne

■ L'Acte unique européen (1986)

Signé à La Haye les 17 et 28 février 1986 et entré en vigueur le 1er juillet 1987, l'Acte unique européen (AUE) constitue la ***première grande révision des traités originels***. Les évolutions et améliorations qui en découlent sont à la fois matérielles, institutionnelles et politiques.

Au plan matériel, l'Acte unique a tout d'abord pour objectif d'achever la réalisation du ***marché intérieur*** (ex-marché commun) avant le 31 décembre 1992. Pour ce faire, il prévoit que le Conseil fera usage du vote à la majorité qualifiée dans tous les domaines stratégiques pour l'achèvement du marché intérieur. De plus, la Communauté économique européenne se voit doter de nouveaux domaines de compétence. Plus particulièrement, cette Communauté, qui est d'ailleurs la seule à voir ses domaines d'action évoluer, dispose désormais d'une ***politique de recherche et de développement technologique***, d'une ***politique de l'environnement*** et d'une politique régionale dite ***politique de cohésion économique et sociale***. Par ailleurs, l'Acte unique introduit de nouvelles dispositions ***en matière sociale*** qui relèvent du vote à la majorité qualifiée comme par exemple l'amélioration de la santé et de la sécurité des travailleurs par voie de directives et le développement du dialogue social entre les partenaires sociaux au niveau européen. Enfin, l'Acte unique insère dans le Traité CEE de nouvelles dispositions relatives à la ***convergence des politiques économiques et monétaires des États membres*** nécessaire au développement ultérieur de la Communauté et plus particulièrement à la création de l'union économique et monétaire par le traité de Maastricht.

Au plan institutionnel, l'Acte unique apporte des évolutions à toutes les institutions des Communautés européennes : le Conseil voit sa capacité décisionnelle rendue plus efficace par l'extension du ***vote à la majorité qualifiée*** ; le Parlement européen voit ses pouvoirs renforcés par l'introduction de la ***procédure de coopération*** et celle de l'***avis conforme*** ; la Commission européenne voit ses ***prérogatives d'exécution*** consolidées ; la Cour de justice se voit adjoindre un ***Tribunal de première instance*** et enfin le Conseil européen est ***consacré*** et ***institutionnalisé*** par l'Acte unique qui vient désormais s'inscrire dans le système institutionnel sans pour autant devenir une institution.

Enfin, l'Acte unique renforce la ***coopération politique européenne***. Les États membres s'engagent à mettre en œuvre une ***politique étrangère commune***. À cette fin, ils s'informent mutuellement et se consultent sur toute question de politique étrangère ayant un intérêt général. Afin d'accroître leur capacité d'action conjointe dans ce domaine, les États membres définissent et développent progressivement des principes et objectifs communs. L'instance de base de la coopération politique européenne est une conférence composée des ministres des Affaires étrangères et d'un membre de la Commission. L'Acte unique prévoit d'étendre la coopération entre États membres au domaine de la sécurité, notamment dans ses aspects politiques, économiques et technologiques sans qu'il soit porté atteinte à l'Union de l'Europe occidentale (UEO) ni à l'Alliance atlantique (OTAN).

■ *Le Traité sur l'Union européenne (1992)*

La conférence intergouvernementale sur l'union économique et monétaire et celle sur l'union politique aboutissent au ***Traité sur l'Union européenne*** approuvé par les chefs d'État ou de gouvernement lors du Conseil européen de Maastricht de décembre 1991 et signé le 7 février 1992. La ratification de ce nouveau traité rencontrant des difficultés dans plusieurs États membres, le traité de Maastricht entre en vigueur le 1er novembre 1993. Plus particulièrement en France, le ***Conseil constitutionnel*** dans sa ***décision n° 92-308 DC du 9 avril 1992*** a constaté que certaines dispositions de ce traité étaient contraires à la Constitution notamment la reconnaissance du droit de vote et d'éligibilité aux élections municipales aux ressortissants des autres États membres résidant en France. Cet État n'a donc pu soumettre ce traité à ratification qu'après révision de la Constitution par les deux assemblées réunies en Congrès à Versailles en juin 1992 qui procèdent à l'insertion dans la Constitution d'un nouveau Titre XV « Des Communautés européennes et de l'Union européenne ». Puis, la ratification du traité de Maastricht a été approuvée en septembre 1992 par ***référendum*** par le peuple français à une très faible majorité (51,04 %). Le Traité sur l'UE prévoit des dérogations au profit du Royaume-Uni (union économique et monétaire et politique sociale) et du Danemark (citoyenneté, union économique et monétaire, défense commune) suite pour ce dernier au rejet de ce traité par le peuple danois en juin 1992 (50,7 %).

Le Traité sur l'UE comprend plusieurs éléments bien distincts : des dispositions communes liminaires – Titre I –, des dispositions modifiant les traités originels (principalement le Traité CEE – Titre II – qui devient à cette occasion la Communauté européenne et accessoirement les deux autres traités originels – Titres III et IV –) ; des dispositions nouvelles relatives à la politique étrangère et de sécurité commune – Titre V –, des dispositions nouvelles relatives à la coopération dans les domaines de la justice et des affaires intérieures – Titre VI – et enfin des dispositions communes finales – Titre VII –.

Ainsi, le Traité sur l'UE institue une ***entité nouvelle dénommée Union européenne*** qui repose sur ***trois piliers distincts*** : le ***premier pilier constitué des Communautés européennes*** (CE, CEEA, CECA), ***le deuxième pilier concernant de la politique étrangère et de sécurité commune*** (PESC) et le ***troisième pilier traitant de la coopération dans les domaines de la justice et des affaires intérieures*** (CJAI).

La particularité de ce nouveau traité réside dans le fait qu'il est pour partie ***de caractère supranational*** en ce qui concerne le premier pilier qui relève, comme à son origine, de la méthode de l'intégration, et pour l'autre ***de caractère intergouvernemental*** en ce sens que les piliers II et III échappent au processus décisionnel communautaire et au contrôle juridictionnel de la Cour de justice. Les trois piliers ainsi constitués sont encadrés par des ***dispositions liminaires et finales communes***. L'ensemble de l'Union relève d'un ***cadre institutionnel unique*** afin d'assurer la cohérence et la continuité de l'ensemble composé, outre du Conseil européen qui n'a pas le statut d'institution, d'institutions communes à l'Union et aux Communautés : le Parlement européen, la Cour de justice, la Commission européenne et le Conseil.

a) Le premier pilier : les Communautés européennes

Le premier pilier de l'Union est ***le plus important de l'édifice*** puisqu'il se compose des trois Communautés qui conservent, toutes les trois, leur personnalité juridique distincte. Les principales modifications induites par le Traité sur l'UE concernent plus particulièrement le Traité instituant la Communauté européenne dans la mesure où les traités constitutifs de la CECA et de la CEEA n'ont été modifiés pour leur part que, et dans la mesure nécessaire, pour mettre leurs dispositions institutionnelles en adéquation avec les changements survenus dans le Traité CE.

Au plan matériel, le Traité sur l'UE consacre tout d'abord les ***principes de subsidiarité et de proportionnalité*** et généralise leur application à l'ensemble des politiques communautaires. Le traité instaure une ***citoyenneté de l'Union*** impliquant notamment la liberté de circulation et de séjour indépendamment de l'exercice d'une activité économique ainsi que le droit de vote et d'éligibilité aux élections municipales et européennes à tout citoyen de l'Union résidant dans un autre État membre que celui dont il est ressortissant. De plus, il enclenche également le processus irréversible et par étapes vers l'***union économique et monétaire*** (UEM) débouchant à terme sur la création de la Banque centrale européenne (BCE) et l'introduction d'une monnaie unique. Enfin, il procède à une ***extension du champ des compétences de la Communauté européenne à de nouveaux domaines*** dans le respect du principe de subsidiarité (éducation et jeunesse, culture, santé publique, protection des consommateurs, politique industrielle, réseaux transeuropéens) et à un ***élargissement de certaines compétences existantes*** (environnement, cohésion économique et sociale, politique sociale, recherche et développement technologique).

Au niveau institutionnel, le Traité sur l'UE renforce les pouvoirs du Parlement européen avec notamment l'***instauration de la procédure de codécision*** et l'***extension des procédures de coopération et d'avis conforme***. Ce traité modifie également la procédure de nomination de la Commission européenne afin d'y intégrer le Parlement européen. Par ailleurs, le Traité sur l'UE crée le ***Comité des régions*** et le ***médiateur européen***, ***érige la Cour des comptes au rang d'institution*** et ***étend l'utilisation du vote à la majorité qualifiée au sein du Conseil*** au détriment du vote à l'unanimité dans certains domaines.

b) Le deuxième pilier : la politique étrangère et de sécurité commune

Le Traité sur l'UE instaure la ***politique étrangère et de sécurité commune (PESC)*** dans la continuité de la coopération politique instituée par l'Acte unique. Ce deuxième pilier a notamment pour objectif le renforcement de la sécurité de l'Union sous toutes ses formes, y compris la définition à terme d'une politique de défense commune, le maintien de la paix, le développement de la démocratie et de l'État de droit et le respect des droits de l'homme et des libertés fondamentales.

Au plan institutionnel, il appartient au Conseil européen de définir les principes et les orientations générales de la PESC et au Conseil de prendre, le plus souvent à l'unanimité, les décisions nécessaires à la définition et à la mise en œuvre de la PESC sur la base des orientations générales arrêtées par le Conseil européen. La Commission européenne et le Parlement européen occupent tous deux des « seconds rôles » dans ce deuxième pilier étant donné sa nature intergouvernementale. La Commission européenne est pleinement associée aux travaux dans le domaine de la PESC mais son rôle est réduit par rapport au schéma communautaire classique dans la mesure où elle partage son pouvoir d'initiative avec les États membres. De même, le Parlement européen est seulement tenu informé par la présidence du Conseil et la Commission européenne de l'évolution de la PESC et consulté par la présidence sur ses aspects principaux. Quant à la Cour de justice, elle est complètement absente du deuxième pilier puisque ce dernier n'est pas soumis à son contrôle.

c) Le troisième pilier : la coopération dans les domaines de la justice et des affaires intérieures

Le Traité sur l'UE établit une ***coopération dans les domaines de la justice et des affaires intérieures (CJAI)***. Conçu pour faciliter la libre circulation des personnes, ce troisième pilier de l'Union englobe la politique d'asile, la politique d'immigration, les règles de franchissement des frontières extérieures des États membres, la lutte contre la toxicomanie et la fraude de dimension internationale, la coopération judiciaire en matière civile ou pénale et la coopération douanière et policière.

Au plan institutionnel, le Conseil constitue l'institution principale de ce troisième pilier. Assisté d'un comité de coordination composé de hauts fonctionnaires nationaux, il lui revient d'adopter des positions communes, des actions communes et des conventions à l'unanimité sauf exceptions. Puisqu'il s'agit également d'un pilier qui relève de la méthode intergouvernementale, la Commission européenne et le Parlement européen se voient conférer des attributions similaires à celles dont ils disposent dans la PESC. Toutefois, la Commission européenne voit son pouvoir d'initiative encore plus réduit que dans le pilier II car dans les domaines de la coopération judiciaire en matière pénale, douanière et policière elle ne dispose d'aucun pouvoir de proposition qui n'appartient qu'aux seuls États membres. Le troisième pilier n'est pas non plus soumis au contrôle de la Cour de justice.

■ *Le Traité d'Amsterdam (1997)*

Le Traité sur l'UE prévoyait déjà la tenue d'une ***conférence intergouvernementale*** (CIG) en 1996 afin d'en réviser certaines dispositions. Toutefois, les perspectives d'adhésion de nouveaux pays, notamment des nouvelles démocraties d'Europe centrale et orientale, donnaient un autre objectif à cette CIG. Cette dernière se devait désormais de ***réformer l'architecture institutionnelle dans la perspective d'une Union élargie***. Les travaux de la CIG aboutissent à la signature du Traité d'Amsterdam le 2 octobre 1997. Ce traité, qui modifie certaines dispositions du Traité sur l'UE, des traités de Rome et de plusieurs actes connexes, est entré en vigueur le 1er mai 1999 après ratification par l'ensemble des États membres. En France, le ***Conseil constitutionnel*** dans sa ***décision n° 97-394 DC du 31 décembre 1997*** a déclaré que ce traité comportait plusieurs dispositions contraires à la Constitution. Sa ratification n'ayant pu intervenir qu'après révision de la Constitution par les deux assemblées réunies en Congrès, la France a été ainsi le dernier État membre à avoir ratifié le Traité d'Amsterdam. Même si ce nouveau traité n'est pas exempt de toute critique dans la mesure où il est loin de régler l'ensemble des questions institutionnelles liées à l'élargissement, il comporte cependant un certain nombre d'avancées notables tant au titre des dispositions communes qu'à celui des trois piliers.

Au titre des dispositions communes, le Traité d'Amsterdam consacre tout d'abord les ***principes et droits fondamentaux*** de l'Union. Ainsi, le nouvel article 6 paragraphe 1er TUE affirme que « *l'Union est fondée sur les principes de la liberté, de la démocratie, du respect des droits de l'homme et des libertés fondamentales, ainsi que de l'État de droit, principes qui sont communs aux États membres* ». L'article 49 paragraphe 1er TUE, tel qu'il résulte du Traité d'Amsterdam, érige désormais le respect de ces principes en condition pour adhérer à l'Union. De plus, le Traité d'Amsterdam institue un ***mécanisme de sanction*** en cas de violation avérée par un État membre des principes énoncés à l'article 6 paragraphe 1er TUE. Dans une telle hypothèse, le Conseil peut alors suspendre certains droits découlant de l'application des traités à l'État en question et notamment son droit de vote au Conseil (art. 7, TUE). Par ailleurs, le Traité d'Amsterdam assigne à l'Union un nouvel objectif : la création d'un ***Espace de liberté, de sécurité et de justice*** (ELSJ) auquel les piliers I et III contribueront tous deux. Afin de réaliser cet objectif, le Traité d'Amsterdam incorpore dans le cadre juridique et institutionnel de l'Union ***l'acquis des accords de Schengen*** entrés en vigueur le 26 mars 1996. Enfin, le Traité d'Amsterdam autorise désormais les États membres à mettre en place des ***coopérations renforcées*** dans le cadre des piliers I et III ouvrant ainsi la voie à une ***Europe à géométrie variable***.

Dans le ***pilier I***, l'innovation majeure du Traité d'Amsterdam au plan matériel réside dans le ***transfert dans le Traité CE de domaines qui relevaient précédemment du troisième pilier***. Cette « communautarisation » de matières qui relevaient auparavant de la coopération intergouvernementale s'inscrit dans l'objectif de l'édification de l'Espace de liberté, de sécurité et de justice. À cette fin, un nouveau titre IV est créé dans le Traité CE intitulé « Visas, asile, immigration et autres politiques liées à la libre circulation des personnes ». Ces nouvelles dispositions du Traité CE permettent au Conseil d'assurer la libre circulation des personnes et de prendre les mesures d'accompagnement directement liées à cette question (contrôles aux frontières extérieures de l'Union, mesures en matière d'asile, d'immigration et de visas...). Deux protocoles annexes prévoient des règles dérogatoires au profit du Royaume-Uni, de l'Irlande et du Danemark. Par ailleurs, le Traité d'Amsterdam met en place une ***politique de l'emploi***, renforce la ***coopération douanière*** et apporte des ***améliorations aux politiques communautaires*** dans les domaines de l'environnement, de la santé publique, de la protection des consommateurs et de la politique sociale entièrement refondue à cette occasion. Plus particulièrement, l'Accord sur la politique sociale, résultant du traité de Maastricht et comportant une clause d'exemption britannique, est intégré dans le corps du Traité CE et devient ainsi applicable à l'ensemble des États membres. Enfin, le nouvel article 13 TCE donne désormais compétence au Conseil pour adopter les mesures nécessaires en vue de ***combattre tout type de discrimination***. Au plan institutionnel, le Traité d'Amsterdam a principalement pour conséquence de simplifier la ***procédure de codécision*** dont l'usage est étendu à un nombre croissant de domaines, d'étendre la ***procédure d'avis conforme*** du Parlement européen, d'appliquer ***la majorité qualifiée*** au sein du Conseil aux nouvelles dispositions introduites par le Traité d'Amsterdam dans le Traité CE et d'en élargir le bénéfice à d'anciennes dispositions du Traité CE et enfin d'accroître les ***compétences consultatives*** du Comité économique et social européen et du Comité des régions.

De plus, le Traité d'Amsterdam procède à différents ***aménagements très significatifs du pilier*** *II*. Tout d'abord, le Conseil européen se voit confier la charge, outre de définir les principes et les orientations générales de la PESC, de décider des ***stratégies communes*** qui seront ensuite mises en œuvre par le Conseil. Il appartient à ce dernier d'adopter des ***positions communes*** et des ***actions communes***. À ce titre, le Conseil statue à l'unanimité mais peut également recourir à la majorité qualifiée. Le Traité d'Amsterdam crée également un comité politique, composé des directeurs politiques, qui suit la situation internationale dans les domaines relevant de la PESC. Ce traité institue par ailleurs un ***haut représentant pour la PESC*** et procède également à l'***incorporation des dispositions relatives à l'Union de l'Europe occidentale dans le Traité sur l'UE*** dans l'objectif de doter la PESC d'une capacité opérationnelle lui permettant d'assurer des missions humanitaires et d'évacuation, des missions de maintien de la paix et des missions de forces de combat pour la gestion des crises, y compris des missions de rétablissement de la paix.

Enfin, le Traité d'Amsterdam opère une ***refonte globale du pilier III***. Compte tenu de la communautarisation de certains domaines du pilier III, le titre VI est réduit désormais à la ***coopération policière et judiciaire en matière pénale*** (CPJP). Sont plus particulièrement visés par ce pilier ***la coopération entre les forces de police et les autorités douanières***, directement ou par l'intermédiaire d'Europol, la ***coopération entre les autorités judiciaires*** et ***le rapprochement des règles de droit pénal des États membres*** dans la mesure où il s'avère indispensable. Ce nouveau pilier III doit contribuer à la création de l'Espace de liberté, de sécurité et de justice, ce qui comprend, au titre de la CPJP, la prévention et la lutte contre la criminalité, le terrorisme, la traite d'êtres humains, les crimes contre les enfants, le trafic de drogue, le trafic d'armes, la corruption ou encore la fraude.

Il appartient notamment au Conseil, statuant à l'initiative de tout État membre ou de la Commission européenne, d'arrêter des positions communes définissant l'approche globale de l'Union sur une question relevant du titre VI, d'adopter, en vue de rapprocher les dispositions législatives et réglementaires des États membres, des décisions-cadres qui lient les États membres quant au résultat à atteindre tout en laissant aux instances nationales la compétence quant à la forme et aux moyens et d'établir des conventions dont il recommande l'adoption aux États membres. Le Conseil statue à l'unanimité sauf pour les mesures d'application des décisions adoptées à la majorité qualifiée et pour les mesures d'application des conventions adoptées à la majorité des deux tiers des parties contractantes. Par ailleurs, le Conseil peut décider, toujours à l'unanimité, que ***certaines actions relevant de la CPJP soient communautarisées***, c'est-à-dire rattachées au Titre IV du Traité CE. Le Traité d'Amsterdam procède enfin à une ***extension des compétences juridictionnelles de la Cour de justice*** dans le cadre du titre VI.

■ Le Traité de Nice (2001)

Un peu plus d'un mois après l'entrée en vigueur du Traité d'Amsterdam, le Conseil européen de Cologne de juin 1999 décide d'anticiper la convocation d'une nouvelle ***conférence intergouvernementale*** au début de l'année 2000, bouleversant ainsi le calendrier fixé par le protocole sur les institutions dans la perspective de l'élargissement de l'Union européenne annexé au Traité d'Amsterdam. Il est vrai qu'après le rendez-vous manqué d'Amsterdam, la perspective à court terme d'un élargissement sans précédent dans l'histoire de la construction communautaire (12 pays candidats) nécessite de procéder sans plus tarder à un réexamen complet des dispositions des traités relatives à la composition et au fonctionnement des institutions de l'UE. Cette CIG, convoquée à partir du début de février 2000, s'achève lors du Conseil européen de Nice de décembre de la même année. C'est également à l'occasion de ce même Conseil européen que les présidents du Parlement européen, du Conseil et de la Commission procèdent à la proclamation solennelle de la ***Charte des droits fondamentaux de l'Union européenne***. Cette Charte établit un catalogue de droits fondamentaux inspirés de la Convention EDH et des traditions constitutionnelles des États membres de l'Union. Elle comporte, outre des droits civiques et politiques, des droits économiques et sociaux auxquels l'Union accorde une valeur fondamentale. Toutefois, la Charte des droits fondamentaux ne bénéficie pas de l'applicabilité directe et ses dispositions ne peuvent donc pas être invoquées par les particuliers à l'appui d'un recours juridictionnel de droit interne comme c'est le cas pour la Convention EDH. Le Traité de Nice, qui modifie le Traité sur l'UE et les traités de Rome, est signé le 26 février 2001 après une mise en forme juridique et linguistique et entre en vigueur le 1er février 2003.

Le Traité de Nice a pour objet essentiel de ***réformer les institutions dans la perspective de l'élargissement de l'Union européenne***. Ce nouveau traité apporte en effet des améliorations au système institutionnel dont les plus significatives concernent le Conseil, la Commission européenne, le Parlement européen et la Cour de justice. Tout d'abord, la capacité décisionnelle du Conseil est rendue plus efficace par l'élargissement du champ d'application du vote à la majorité qualifiée dont les modalités évoluent. Le Traité de Nice réforme également la ***procédure de désignation*** de la Commission européenne, renforce les ***attributions de son président*** et prévoit que cette institution comprendra ***un seul commissaire par État membre à compter du***

1er janvier 2005 ainsi qu'un nombre inférieur à celui des États après la signature du traité d'adhésion du 27e État membre de l'Union. Par ailleurs, le Parlement européen, dont le nombre de membres passe de 626 à 732, voit aussi ses prérogatives renforcées par l'***extension de la procédure de codécision*** à de nouvelles dispositions. Enfin, le Traité de Nice introduit une importante ***réforme du système juridictionnel communautaire***. Outre le fait que la Cour de justice et le Tribunal de première instance sont composés d'un juge par État membre, le Tribunal de première instance devient désormais le ***juge de droit commun*** pour l'ensemble des recours directs à l'exception du recours en manquement qui demeure de la seule compétence de la Cour de justice. De plus, le Traité CE prévoit maintenant la possibilité pour le Conseil d'adjoindre à la Cour de justice et au Tribunal de première instance des ***chambres juridictionnelles*** chargées de connaître en première instance des contentieux spécifiques.

Mises à part les présentes évolutions institutionnelles, le Traité de Nice introduit une ***simplification des coopérations renforcées*** qui sont désormais également possibles dans le domaine de la PESC et complète le ***mécanisme de sanction*** prévu par l'article 7 TUE en permettant au Conseil de prendre des sanctions en cas de menace de violation par un État membre des principes fondateurs sur lesquels repose l'Union.

■ *L'échec du Traité établissant une Constitution pour l'Europe (2004)*

Estimant nécessaire de poursuivre la réforme institutionnelle, les chefs d'État ou de gouvernement annexent au Traité de Nice une ***déclaration sur l'avenir de l'Union*** à travers laquelle ils entendent lancer un vaste débat dans les États membres sur l'avenir de la construction de l'Union et de ses institutions. Tirant les conclusions de cette vaste consultation, le Conseil européen de Laeken de décembre 2001 adopte la ***déclaration de Laeken sur l'avenir de l'Union européenne*** et convoque la ***Convention sur l'avenir de l'Europe*** chargée d'examiner les questions essentielles que soulèvent les développements futurs de l'Union et de rechercher les différentes réponses possibles. La Convention, présidée par ***M. Valéry Giscard d'Estaing***, réunit ***105 personnalités*** représentant les gouvernements et les parlements nationaux des États membres et des pays candidats à l'adhésion, le Parlement européen et la Commission européenne. Treize observateurs, représentant le Comité de régions, le Comité économique et social européen, les partenaires sociaux européens et le médiateur européen, participent également aux travaux. Parallèlement à la Convention, un ***forum*** est ouvert aux organisations représentant la société civile dans l'objectif d'associer au débat l'ensemble des citoyens. La déclaration de Laeken donne des directives précises à la Convention sur l'avenir de l'Europe dans la mesure où elle identifie clairement et énumère les questions que cette Convention se doit d'aborder et de trancher : Comment assurer une meilleure répartition des compétences entre l'Union européenne et les États membres ? Comment simplifier les instruments permettant à l'Union d'agir ? Comment garantir davantage de démocratie, de transparence et d'efficacité dans l'Union ? Comment simplifier les traités actuels ? Toutefois, les réflexions de la Convention, qui débute en février 2002, ne se sont pas limitées à ces seuls points car la Convention a pour mission d'élaborer et de présenter dans un document final un projet de traité devant servir de point de départ aux négociations d'une conférence intergouvernementale chargée d'arrêter le texte définitif d'un nouveau traité. Après plus d'un an de travaux intensifs, la Convention approuve par consensus un ***projet de Traité établissant une Constitution pour l'Europe*** présenté par le président de la Convention lors du Conseil européen de Thessalonique de juin 2003. Après des corrections techniques, le texte final est remis à la présidence italienne du Conseil en juillet 2003. Ce projet a été ensuite soumis à une ***conférence intergouvernementale*** composée des représentants des gouvernements des États membres et des futurs États membres qui s'est ouverte à Rome le 4 octobre 2003. Les chefs d'État ou de gouvernement sont parvenus à un accord sur le Traité établissant une Constitution pour l'Europe le 18 juin 2004 en marge du Conseil européen de Bruxelles. ***Le Traité établissant une Constitution pour l'Europe et l'acte final ont été signés officiellement par les chefs d'État ou de gouvernement et les ministres des Affaires étrangères de vingt-cinq États membres de l'Union le 29 octobre 2004 à Rome*** après vérification et traduction du texte dans toutes les langues officielles de l'Union. La Bulgarie, la Roumanie et la Turquie ont pour leur part signé l'acte final en leur qualité de pays candidats.

Le Traité établissant une Constitution pour l'Europe ***remplaçait, par un texte unique, les traités constitutifs*** hormis le Traité instituant la Communauté européenne de l'énergie atomique. Il ***se présentait en quatre parties*** : la première partie définissait l'Union, ses principes, ses objectifs, ses compétences, ses institutions et ses procédures décisionnelles, la deuxième reprenait la Charte des droits fondamentaux de l'Union européenne proclamée lors du Conseil européen de Nice en décembre 2000, la troisième comportait les dispositions relatives aux politiques et actions de l'Union et la dernière regroupait les dispositions générales et finales du traité constitutionnel dont les procédures d'adoption et de révision de la Constitution. Dès sa signature, le Traité établissant une Constitution pour l'Europe était ouvert à la ratification des États membres conformément à leurs règles constitutionnelles respectives. Si une majorité d'États membres avaient opté pour la voie parlementaire, certains d'entre eux avaient choisi de recourir à un référendum soit consultatif (Espagne, Luxembourg, Pays-Bas) soit décisionnel (Danemark, France, Irlande, Pologne, Portugal, République Tchèque, Royaume-Uni). Après une première vague de ratifications (Allemagne, Autriche, Belgique, Espagne, Grèce, Hongrie, Italie, Lettonie, Lituanie, Slovénie et Slovaquie), ***le peuple français rejetait le Traité établissant une Constitution pour l'Europe le 29 mai 2005 par 54,87 % des suffrages et le peuple néerlandais faisait de même trois jours plus tard par 61,54 %***.

Les chefs d'État ou de gouvernement n'avaient pas souhaité renoncer immédiatement au Traité établissant une Constitution pour l'Europe à la suite des votes négatifs français et néerlandais. Ils avaient donc décidé, lors du Conseil européen de Bruxelles des 16 et 17 juin 2005, de faire ***une pause*** dans le processus de ratification de ce nouveau traité et d'ouvrir une ***période dite de réflexion***. Toutefois, les « non » français et néerlandais avaient ouvert une ***nouvelle crise européenne*** et il était rapidement devenu évident pour tous qu'une telle situation ne pouvait trouver d'issue que dans ***l'abandon pur et simple du Traité établissant une Constitution pour l'Europe***. En effet, quelle autre solution les États membres pouvaient-ils envisager lorsqu'au terme d'un délai de deux ans après les « non » français et néerlandais, ***dix-huit*** d'entre eux, représentant tout de même 56 % de la population de l'Union, ***avaient ratifié le traité établissant une Constitution pour l'Europe (les deux derniers en date étant la Bulgarie et la Roumanie qui avaient ratifié ce traité en même temps que leur traité d'adhésion)***, ***sept*** avaient reporté ou suspendu sa ratification (Danemark, Irlande, Pologne, Portugal, République tchèque, Royaume-Uni, Suède) et enfin ***deux*** l'avaient refusé et ne pouvaient pas le soumettre à nouveau en l'état à ratification (la France et les Pays-Bas) ?

■ *Le Traité de Lisbonne (2007)*

Après deux ans de statu quo, de tergiversations et de reports constants d'une décision sur l'avenir du Traité établissant une Constitution pour l'Europe, une ébauche de solution apparaît à l'occasion du ***cinquantième anniversaire de la signature des traités de Rome le 25 mars 2007***. En effet, les chefs d'État ou de gouvernement des États membres de l'Union réunis à Berlin par la Chancelière allemande Angela Merkel, présidente en exercice du Conseil européen, adoptent à l'occasion de cette cérémonie une déclaration dans laquelle ils annoncent avoir *« l'objectif d'asseoir l'Union européenne sur des bases communes rénovées d'ici les élections au Parlement européen de 2009 »*. La présidence allemande, qui avait fait de la relance de la « machine européenne » une priorité absolue, considérait que le moment était désormais venu pour l'Union d'aller de l'avant et que le prochain Conseil européen serait donc essentiellement consacré au processus de réforme des traités. Le ***Conseil européen de Bruxelles des 21 et 22 juin 2007*** constituait donc un rendez-vous capital pour l'avenir de l'Union européenne dans la mesure où il devait permettre à l'Europe soit de sortir de l'impasse et de l'enlisement qu'elle connaissait depuis juin 2005 soit de l'y replonger pour de nombreuses années. Au terme de près de trente-six heures de négociations, le Conseil européen parvient finalement ***à un consensus politique sur les dispositions d'un nouveau traité*** dénommé initialement ***« traité modificatif »***. À cette fin, le Conseil européen décide de convoquer une ***conférence intergouvernementale*** chargée de négocier et de rédiger ce nouveau traité. La CIG 2007 va mener ses travaux, à compter du 23 juillet 2007 sous présidence portugaise, conformément au ***mandat*** fixé par le Conseil européen de Bruxelles de juin 2007. À l'issue de cette CIG, les chefs d'État ou de gouvernement ont approuvé le texte définitif d'un nouveau traité lors du Conseil européen informel des 18 et 19 octobre 2007 puis se sont réunis à nouveau dans la capitale portugaise afin de procéder à la ***signature du Traité de Lisbonne le 13 décembre 2007***. Ce nouveau traité a été ensuite soumis à la ratification des États membres par voie parlementaire ou en Irlande par référendum conformément à leurs règles constitutionnelles respectives. Le processus de ratification du Traité de Lisbonne n'a pas été une simple « partie de plaisir » car, en pratique, les négociations sur ce traité se sont poursuivies parfois bien au-delà de la CIG 2007 afin de satisfaire les exigences de certains États membres. Ainsi, lors du Conseil européen informel d'octobre 2007, le Royaume-Uni obtient satisfaction sur ses « lignes rouges » en bénéficiant du droit de participer « à la carte » aux coopérations en matière policière et judiciaire qui l'intéressent et d'une dérogation quant à l'application de la Charte des droits fondamentaux. La Pologne obtient le bénéfice de la même réserve. Par ailleurs, et à la suite du rejet du Traité de Lisbonne par le peuple irlandais lors du référendum du 12 juin 2008 (53,4 %), ce traité a été à nouveau au cœur des discussions du Conseil européen de Bruxelles des 11 et 12 décembre 2008 dans la mesure où le gouvernement irlandais souhaitait négocier des dérogations pour son pays. Les vingt-sept chefs d'État ou de gouvernement sont parvenus à cette occasion à un compromis : l'Irlande s'engage à organiser un nouveau référendum sur le Traité de Lisbonne avant l'automne 2009 en échange du maintien de sa souveraineté sur les questions fiscales et éthiques et sur la neutralité militaire (voy. en ce sens la décision 2013/106/UE du Conseil européen du 11 mai 2012 relatif à l'examen, par une conférence des représentants des gouvernements des États membres, de la modification des traités proposée par le gouvernement irlandais sous la forme d'un protocole relatif aux préoccupations du peuple irlandais concernant le Traité de Lisbonne, *JO n° L60 du 2 mars 2013*). De plus, et contrairement aux dispositions du Traité de Lisbonne, le gouvernement irlandais obtient que tous les États membres continuent à disposer d'un commissaire au sein de la Commission européenne. Après la victoire du « oui » par l'Irlande (référendum du 2 octobre 2009 – 67,1 %) et la ratification du Traité de Lisbonne par la Pologne en octobre 2009, il ne manquait plus que la République tchèque pour que la ratification du Traité de Lisbonne soit complète. Suite aux pressions de ses partenaires européens, le président tchèque Vaclav Klaus, adversaire déclaré du Traité de Lisbonne, s'est décidé à signer le document, moyennant toutefois quelques dérogations sur la Charte des droits fondamentaux afin d'empêcher toute restitution des biens des Allemands des Sudètes confisqués après la Seconde guerre mondiale. Ainsi, et à l'instar des solutions britannique et polonaise, la Charte des droits fondamentaux ne s'applique pas en République tchèque. L'accord du Président tchèque a permis l'***entrée en vigueur du Traité de Lisbonne le 1er décembre 2009***.

En France, la ratification du Traité de Lisbonne n'a pas soulevé de problème particulier. Le ***Conseil constitutionnel*** a constaté dans sa ***décision n° 2007-560 DC du 20 décembre 2007*** que le Traité de Lisbonne était partiellement incompatible avec la Constitution et, qu'une fois de plus, il était nécessaire de procéder à une révision constitutionnelle préalable à la ratification de ce nouveau traité. La France n'a donc pu soumettre ce traité à ratification qu'après l'adoption par le Congrès de la loi constitutionnelle n° 2008-103 du 4 février 2008 modifiant le titre XV de la Constitution. La ratification du Traité de Lisbonne par le président de la République conformément à l'article 52 de la Constitution a eu lieu le ***14 février 2008*** suite à l'adoption par l'Assemblée nationale et le Sénat du projet de loi autorisant l'exécutif à ratifier ce texte quelques jours auparavant. La France a ainsi été le ***cinquième État membre à ratifier le Traité de Lisbonne*** après la Hongrie, la Slovénie, Malte et la Roumanie.

Le Traité de Lisbonne, moins ambitieux que son prédécesseur, maintient néanmoins les ***grandes innovations institutionnelles agréées lors de la CIG 2004***. En effet, le Traité de Lisbonne reprend à son compte, soit en l'état soit en procédant à des modifications significatives, une très grande partie des avancées novatrices du Traité établissant une Constitution pour l'Europe parmi lesquelles on peut citer :

- l'***abandon de la structure en piliers de l'Union européenne*** issue du traité de Maastricht ;
- l'attribution d'une ***personnalité juridique unique à l'Union européenne*** entraînant du même coup la ***disparition de la Communauté européenne***. ***L'Union se substitue et succède à la Communauté européenne*** et en pratique, le terme de Communauté est partout remplacé par celui d'Union ;
- la création d'un ***haut représentant pour les affaires étrangères et la politique de sécurité*** (en place et lieu d'un ministre des affaires étrangères de l'Union) ;
- l'institution d'une ***présidence permanente du Conseil européen*** ;
- la ***généralisation de la procédure de codécision*** qui devient la ***procédure législative ordinaire*** ;
- l'introduction d'un ***droit de retrait des États membres*** de l'Union européenne ;
- l'insertion d'un ***droit d'initiative populaire*** permettant à un million de citoyens d'inviter la Commission européenne à soumettre une proposition d'acte juridique ;
- la clarification de la ***répartition des compétences entre l'Union européenne et les États membres*** ;
- la ***simplification du processus de décision au Conseil*** ;

– l'***extension du champ d'application de la majorité qualifiée*** ;
– l'***adhésion de l'Union européenne à la Convention européenne des droits de l'homme*** ;
– la référence à la ***Charte des droits fondamentaux de l'Union européenne*** (cette Charte ne figure plus *in extenso* dans le corps du traité comme c'était le cas auparavant. Toutefois, l'article 6 TUE précise que « *l'Union reconnaît les droits, les libertés et les principes énoncés dans la charte des droits fondamentaux du 7 décembre 2000, telle qu'adaptée le 12 décembre 2007 à Strasbourg, laquelle a la même valeur que les traités* ») ;
– la ***primauté du droit de l'Union sur le droit des États membres*** (contrairement à ce que prévoyait le Traité établissant une Constitution pour l'Europe, le Traité de Lisbonne ne mentionne plus expressément le principe de la primauté du droit de l'Union sur le droit des États membres. La CIG 2007 a simplement adopté la déclaration (n° 17) rappelant la jurisprudence de la Cour de justice en la matière) ;
– le ***renforcement du rôle des Parlements nationaux*** dans le système de l'Union.

Toutefois, le Traité de Lisbonne se cantonne à modifier les traités existants alors que le Traité établissant une Constitution pour l'Europe les remplaçait dans leur globalité, hormis le Traité CEEA, par un texte unique. En effet, le Traité de Lisbonne se limite à amender le ***Traité sur l'Union européenne***, qui conserve le même intitulé, et le Traité instituant la Communauté européenne, qui devient désormais le ***Traité sur le fonctionnement de l'Union européenne*** (TFUE). Le Traité de Lisbonne se borne donc pour l'essentiel à ***abandonner tous les attributs constitutionnels contenus dans le Traité établissant une Constitution pour l'Europe*** comme par exemple l'utilisation du terme « Constitution », la simplification des instruments juridiques dont l'Union dispose pour agir (les termes « loi » et « loi-cadre » sont abandonnés au profit du maintien des termes actuels de « règlement », « directive » et « décision ») ou encore les références aux symboles de l'Union européenne (drapeau, hymne, devise…) même s'ils continuent d'exister.

La réforme institutionnelle de l'Union qui découle du Traité de Lisbonne est, sans conteste, la plus importante de l'histoire de l'intégration européenne. Il faudra attendre encore quelques années pour en percevoir tous les effets en termes à la fois de bénéfice et d'efficacité. Il est certain que des ajustements pratiques et techniques seront sûrement nécessaires dans l'avenir pour assurer le plein succès et le plein effet des adaptations institutions retenues.

2 Les élargissements géographiques : de l'Europe des Six à l'Europe des Vingt-huit

La qualité d'État membre n'a jamais été exclusivement réservée aux seuls six États fondateurs des Communautés européennes. De fait, le processus d'intégration européen a connu à ce jour ***sept***

élargissements lui permettant de s'étendre progressivement vers le Sud, le Nord et l'Est du continent européen. Depuis le 1er juillet 2013, l'Union européenne compte ***vingt-huit États membres*** pour une population totale de plus de ***500 millions d'habitants***.

■ Les conditions et la procédure d'adhésion à l'Union

L'adhésion à l'Union européenne est aujourd'hui régie par l'***article 49 TUE*** selon une ***procédure unique et uniforme*** : « *Tout État européen qui respecte les valeurs visées à l'article 2 et s'engage à les promouvoir peut demander à devenir membre de l'Union. Le Parlement européen et les parlements nationaux sont informés de cette demande. L'État demandeur adresse sa demande au Conseil, lequel se prononce à l'unanimité après avoir consulté la Commission et après approbation du Parlement européen qui se prononce à la majorité des membres qui le composent. Les critères d'éligibilité approuvés par le Conseil européen sont pris en compte. Les conditions de l'admission et les adaptations que cette admission entraîne, en ce qui concerne les traités sur lesquels est fondée l'Union, font l'objet d'un accord entre les États membres et l'État demandeur. Ledit accord est soumis à la ratification par tous les États contractants, conformément à leurs règles constitutionnelles respectives* ».

a) Les conditions d'adhésion à l'Union

L'adhésion à l'Union européenne suppose que l'État candidat respecte ***quatre conditions cumulatives***, dénommées les ***critères de Copenhague***. C'est en effet à l'occasion de sa réunion de Copenhague des 21 et 22 juin 1993 que le Conseil européen a solennellement confirmé les conditions à l'adhésion : « *L'adhésion requiert de la part du pays européen candidat qu'il ait des institutions stables garantissant la démocratie, la primauté du droit, les droits de l'homme, le respect des minorités et leur protection, l'existence d'une économie de marché viable ainsi que la capacité de faire face à la pression concurrentielle et aux forces du marché à l'intérieur de l'Union. L'adhésion présuppose la capacité du pays candidat à en assumer les obligations, et notamment à souscrire aux objectifs de l'union politique, économique et monétaire* ». Les critères de Copenhague seront complétés par le Conseil européen de Madrid des 15 et 16 décembre 1995 sur la capacité des pays candidats à adapter leurs structures administratives et juridiques afin de faire appliquer et respecter effectivement le droit de l'Union dans leurs législations nationales. Ainsi, tout État candidat à l'adhésion à l'Union se doit donc de remplir non seulement ***les conditions géographique et politique énoncées expressément dans l'article 49 TUE*** mais également ***les conditions économique et juridique supplémentaires dégagées par le Conseil européen*** à la suite des premiers élargissements comme le confirme d'ailleurs désormais l'article 49 TUE lorsqu'il mentionne que « *les critères d'éligibilité approuvés par le Conseil européen sont pris en compte* ».

1) La condition géographique

Aux termes de l'article 49 TUE, « *Tout État européen* » peut demander à devenir membre de l'Union. Même si l'expression « État européen » n'a jamais été officiellement définie, il est aujourd'hui admis que le territoire de l'État candidat doit, au moins en partie, se situer sur le continent européen.

2) La condition politique ou démocratique

L'État candidat à l'adhésion doit respecter les valeurs sur lesquelles est fondée l'Union, telles que visées à l'article 2 TUE, et s'engager à les promouvoir. Cette disposition (ex-art. 6 § 1er, TUE), entièrement réécrite par le Traité de Lisbonne, indique que « *l'Union est fondée sur les valeurs de respect de la dignité humaine, de liberté, de démocratie, d'égalité, de l'État de droit, ainsi que de respect des droits de l'homme, y compris des droits des personnes appartenant à des minorités. Ces valeurs sont communes aux États membres, dans une société caractérisée par le pluralisme, la non-discrimination, la tolérance, la justice, la solidarité et l'égalité entre les femmes et les hommes* ». Ainsi, l'État européen doit satisfaire à certaines exigences politiques et démocratiques (ex. : respecter les droits de l'homme et les libertés fondamentales ; protéger les minorités ; garantir le pluralisme politique et le droit à des élections libres et équitables, disposer d'institutions stables et démocratiques, garantir l'indépendance du pouvoir judiciaire…) pour que sa candidature soit recevable.

3) La condition économique

Cette condition n'est pas expressément prévue par les traités mais découle plutôt de l'économie générale et de la nature essentiellement économique de l'Union européenne. Les obligations inhérentes à la qualité de membre sont progressivement devenues plus difficiles à remplir en raison de l'évolution du cadre juridique, économique et politique de l'Union. L'adhésion suppose donc au préalable que l'État candidat dispose, d'une part, d'une économie de marché viable et concurrentielle assortie d'un cadre administratif et juridique adéquat dans les secteurs public et privé et qu'il connaisse, d'autre part, un niveau de développement suffisant pour pouvoir résister à la pression concurrentielle au sein du marché intérieur et assurer la mise en œuvre des normes de l'Union indispensables à la réalisation et au fonctionnement du marché intérieur. L'adhésion impose donc parfois à l'État candidat qu'il procède à des réformes structurelles de son économie. Toutefois, cette condition économique a parfois été appréciée avec davantage de souplesse que la condition politique dans la mesure où elle n'a pas empêché par le passé l'adhésion de pays candidats dont le niveau de développement était loin d'être comparable à la moyenne de l'Union.

4) La condition juridique ou l'acceptation de l'acquis de l'Union

L'adhésion à l'Union européenne implique de la part du pays candidat l'acceptation, sans réserve, de l'acquis de l'Union, c'est-à-dire des droits et des obligations, réelles ou potentielles, découlant du système de l'Union et de son cadre institutionnel. L'acquis de l'Union, en constante et perpétuelle évolution, inclut :

- le contenu, les principes et les objectifs politiques des traités sur lesquels l'Union est fondée ;
- la législation adoptée par les institutions de l'Union en application des traités et la jurisprudence de la Cour de justice de l'UE ;
- les autres actes, juridiquement contraignants ou non, adoptés dans le cadre de l'Union comme les déclarations, les résolutions, les accords interinstitutionnels, les recommandations, les lignes directrices ;
- les décisions et autres actes relevant de la PESC ;
- les accords internationaux conclus par l'Union ou par l'Union conjointement avec les États membres ;
- les accords conclus entre les États membres dans les domaines d'action de l'Union.

Ainsi, tout État candidat s'engage à assumer l'ensemble des obligations qui découlent de son adhésion et à intégrer dans son propre ordre juridique l'acquis de l'Union. L'acceptation de ces droits et obligations par un nouvel État membre peut toutefois donner lieu à ***dérogations temporaires*** et à ***arrangements transitoires*** tels que définis lors des négociations d'adhésion sans pour autant ouvrir la voie à une renégociation fondamentale des traités constitutifs.

b) La procédure d'adhésion à l'Union

L'article 49 TUE distingue ***deux phases dans la procédure d'adhésion*** :

- la ***première implique les institutions de l'Union***. Il s'agit de la ***phase institutionnelle*** (art. 49 al. 1er, TUE). L'État candidat adresse une demande d'adhésion au Conseil. Le Parlement européen et les Parlements nationaux sont informés de cette candidature. La décision d'ouvrir des négociations en vue de l'adhésion de ce pays candidat à l'Union est alors prise par le Conseil qui se prononce à cette occasion à l'unanimité après consultation (avis) de la Commission européenne – qui évalue l'aptitude du candidat à satisfaire aux conditions d'adhésion – et approbation du Parlement européen pris à la majorité des membres qui le composent. Dans la pratique, le Conseil européen intervient au cours de cette phase institutionnelle puisqu'il lui revient d'accorder à l'État candidat le statut de « pays candidat à l'adhésion » sur la base d'une opinion formulée par la Commission européenne à la suite de sa candidature. Néanmoins, l'octroi de ce statut ne confère pas au pays candidat un droit automatique à l'adhésion à l'Union ni même à l'ouverture des négociations dans la mesure où cette candidature passe ensuite par le filtre de la Commission européenne (avis sur les critères de Copenhague), du Parlement européen (vote d'approbation) et du Conseil (décision à l'unanimité d'ouvrir les négociations à l'adhésion). En fait, le statut de « pays candidat à l'adhésion » constitue seulement l'acceptation politique du Conseil européen de la candidature à l'adhésion. L'acceptation juridique de cette candidature relève ensuite, en application de l'article 49 alinéa 1er TUE, du seul trinôme institutionnel Commission européenne-Conseil-Parlement européen ;

– la ***seconde implique les États membres et l'État candidat***. Il s'agit de la ***phase intergouvernementale*** (art. 49 al. 2, TUE). Dès lors que le principe de l'ouverture des négociations à l'adhésion est acquis, s'ouvre alors une phase interétatique de négociations entre les États membres et l'État candidat. En effet, il appartient à ces États de parvenir à un accord définissant « *les conditions de l'admission et les adaptations que cette admission entraîne en ce qui concerne les traités sur lesquels est fondée l'Union* ». Afin de faciliter le déroulement des négociations, l'ensemble du droit de l'Union, c'est-à-dire de l'acquis de l'Union, est divisé en ***trente-cinq chapitres*** correspondant à des domaines spécifiques (ex. : Chapitre 1 : Libre circulation des marchandises ; Chapitre 2 : Libre circulation des travailleurs, Chapitre 5 : Marchés publics ; Chapitre 8 : Politique de concurrence ; Chapitre 11 : Agriculture et développement rural ; Chapitre 13 : Pêche ; Chapitre 16 : Fiscalité). Lorsque les négociations sur ces trente-cinq chapitres sont achevées à la satisfaction des deux parties, les résultats sont incorporés dans un projet de traité d'adhésion qui doit encore être approuvé par le Parlement européen, le Conseil et la Commission européenne. Si ce projet est approuvé, il devient alors un traité d'adhésion qui doit ensuite être signé puis ratifié par tous les États contractants conformément à leurs règles constitutionnelles respectives. En réalité, cette seconde phase est quelque peu différente de la procédure décrite par l'article 49 alinéa 2 TUE. En effet, la Commission européenne est en fait omniprésente tout au long des négociations au sein de la Conférence intergouvernementale en jouant à la fois un rôle de conseil et d'expertise de la candidature auprès des États membres et de l'État candidat.

L'appartenance à l'Union européenne était, jusqu'à l'entrée en vigueur du Traité de Lisbonne, un ***processus irréversible*** dans la mesure où les traités ne prévoyaient aucune possibilité pour les États membres de se retirer de l'Union européenne. Le Traité de Lisbonne marque une étape décisive en la matière puisque ce nouveau traité institue, tout comme le prévoyait déjà le Traité établissant une Constitution pour l'Europe, une ***procédure de retrait volontaire de l'Union*** (art. 50, TUE). En effet, tout État membre peut désormais décider, conformément à ses règles constitutionnelles, de se retirer de l'Union. L'État membre qui décide de procéder de la sorte notifie son intention au Conseil européen. À la lumière des orientations dégagées par le Conseil européen, l'Union négocie et conclut avec cet État un accord fixant les modalités de son retrait, en tenant compte du cadre de ses relations futures avec l'Union. Cet accord est conclu au nom de l'Union par le Conseil, statuant à la majorité qualifiée, après approbation du Parlement européen. Les traités cessent d'être applicables à l'État concerné à partir de la date d'entrée en vigueur de l'accord de retrait ou, à défaut, deux ans après la notification par l'État membre de son intention de se retirer au Conseil européen. Toutefois, le Conseil européen peut décider à l'unanimité, et en accord avec l'État membre concerné, de proroger ce délai. Si l'État qui s'est retiré de l'Union demande à adhérer par la suite, sa demande sera alors à nouveau soumise à la procédure visée à l'article 49 TUE.

■ *Les élargissements successifs et les perspectives*

Après ***sept élargissements***, l'Union européenne compte désormais ***vingt-huit États membres*** et s'apprête à en accueillir de nouveaux à plus ou moins long terme.

a) Les pays membres de l'Union européenne

Les Communautés européennes des Six (à compter du 23 juillet 1952)	Pays concernés : ***Allemagne, Belgique, France, Italie, Luxembourg, Pays-Bas***.
Premier élargissement Les Communautés européennes des Neuf (à compter du 1er février 1973)	Nouveaux États membres : ***Danemark, Irlande, Royaume-Uni***.
Second élargissement Les Communautés européennes des Dix (à compter du 1er février 1981)	Nouvel État membre : ***Grèce***.
Troisième élargissement Les Communautés européennes des Douze (à compter du 1er janvier 1986)	Nouveaux États membres : ***Espagne, Portugal***.
Quatrième élargissement L'Union européenne des Quinze (à compter du 1er janvier 1995)	Nouveaux États membres : ***Autriche, Finlande, Suède***.
Cinquième élargissement L 'Union européenne des Vingt-cinq (à compter du 1er mai 2004)	Nouveaux États membres : ***Chypre, Estonie, Hongrie, Lettonie, Lituanie, Malte, Pologne, République tchèque, Slovaquie, Slovénie***.
Sixième élargissement L'Union européenne des Vingt-sept (à compter du 1er janvier 2007)	Nouveaux États membres : ***Bulgarie, Roumanie***.

Septième élargissement L'Union européenne des Vingt-huit (à compter du 1er juillet 2013)	Nouvel État membre : *Croatie*.

b) Les pays disposant du statut de « pays candidat à l'adhésion »

Pays ayant débuté des négociations à l'adhésion	*Turquie* (depuis le 3 octobre 2005) *Islande* (depuis le 27 juillet 2010) *Monténégro* (depuis le 29 juin 2012)
Pays n'ayant pas encore débuté des négociations à l'adhésion	*Ancienne République yougoslave de macédoine* (Conseil européen de Bruxelles des 15 et 16 décembre 2005) *Serbie* (Conseil européen de Bruxelles des 1er et 2 mars 2012)

c) Les pays candidats à l'adhésion en attente de se voir reconnaître le statut de « pays candidat à l'adhésion »

Pays concerné	*Albanie* (28 avril 2009)

PARTIE 2

Les moyens de l'Union européenne

Les moyens juridiques

CHAPITRE
3

L'Union européenne est pourvue des moyens juridiques lui permettant de remplir les différents objectifs qui lui sont dévolus par les traités. À ce titre, elle est dotée d'un statut juridique et de compétences.

1 Le statut juridique de l'Union

L'Union européenne dispose d'un ***statut juridique fonctionnel***. Ce dernier n'a donc pour objet que de lui permettre de remplir ses missions et d'atteindre les objectifs qui lui sont assignés.

■ *La personnalité juridique de l'Union européenne*

Avant l'entrée en vigueur du Traité de Lisbonne, seules les Communautés européennes disposaient d'une personnalité juridique. Depuis lors, et puisque l'Union s'est substituée et a succédé à la Communauté européenne (art. 1 al. 3, TUE), c'est l'Union européenne qui se voit désormais doter d'une personnalité juridique pleine et entière (art. 47, TUE). Il s'agit dans tous les cas, et comme auparavant, d'une personnalité juridique fonctionnelle, c'est-à-dire limitée et qui n'existe que dans la mesure et pour autant qu'elle contribue à la réalisation des objectifs fixés par les traités. La déclaration (n° 24) sur la personnalité juridique de l'Union européenne, annexée au Traité sur l'UE et au Traité sur le fonctionnement de l'UE par le Traité de Lisbonne, corrobore d'ailleurs cette observation : « *La Conférence confirme que le fait que l'Union européenne a une personnalité juridique n'autorisera en aucun cas l'Union à légiférer ou à agir au-delà des compétences que les États membres lui ont attribuées dans les traités.* ». La personnalité juridique de l'Union déploie ses effets tant dans les ordres juridiques des États membres que dans l'ordre juridique international.

Tout d'abord, ***l'Union européenne dispose d'une personnalité juridique interne***. En effet, l'Union possède la capacité juridique la plus large reconnue aux personnes morales par les législations nationales dans chacun des États membres (art. 335 al. 1er, TFUE). Cette assimilation de l'Union européenne à une personne morale de droit public lui permet notamment d'acquérir ou d'aliéner des biens, de passer des contrats ou encore d'ester en justice. À cet effet, l'Union est représentée par la Commission européenne ou par une autre institution mandatée par cette dernière. Par exception, d'autres institutions et organes jouissent d'une personnalité juridique distincte de celle de l'Union en raison de leur indépendance comme par exemple, dans le cadre du Traité sur le fonctionnement de l'UE, la Banque européenne d'investissement (art. 308 al. 1er, TFUE) et la Banque centrale européenne (art. 282 § 3, TFUE).

Par ailleurs, ***l'Union européenne dispose également, tout comme auparavant la Communauté européenne, d'une personnalité juridique internationale*** même en l'absence de référence explicite des traités. La Cour de justice a en effet admis depuis son célèbre arrêt *A.E.T.R.* (*CJ, 31 mars 1971, aff. 22/70, Commission c. Conseil, Rec. 1971, p. 263*), qu'indépendamment des compétences expressément prévues par certaines dispositions du Traité sur le fonctionnement de l'UE, la Communauté européenne – et donc aujourd'hui l'Union – est compétente, même en l'absence d'une attribution explicite du traité, pour conclure des accords externes dans tous les domaines où la Communauté – et donc aujourd'hui l'Union – dispose d'une compétence interne en vue de réaliser un objectif déterminé par le traité et où l'adoption d'un engagement international apparaît nécessaire à la réalisation de cet objectif. L'Union européenne est donc un sujet de droit international disposant notamment du droit d'entretenir des relations avec d'autres sujets du droit international à savoir des pays tiers ou des organisations internationales (droit de légation passif et actif), d'ester en justice et le cas échéant d'engager la responsabilité internationale, de conclure des accords avec des pays tiers ou des organisations internationales, d'adopter des sanctions économiques ou encore de devenir membre d'organisations internationales.

■ *Les privilèges et immunités*

L'Union jouit sur le territoire des États membres des privilèges et immunités nécessaires à l'accomplissement de sa mission (art. 343, TFUE). Ces privilèges et immunités, qui bénéficient également aux membres des institutions et à leur personnel, sont fixés par le ***protocole (n° 7) sur les privilèges et immunités de l'Union européenne*** du 8 avril 1965 annexé aux traités applicable également à la Banque européenne d'investissement et, depuis le traité de Maastricht, à la Banque centrale européenne.

a) Les privilèges et immunités de l'Union européenne

En application du protocole (n° 7) sur les privilèges et immunités, l'Union européenne bénéficie d'une inviolabilité des locaux, bâtiments, archives et communications officielles, y compris lors du transfert des documents. Ainsi, les bâtiments et locaux de l'Union sont exempts de perquisition, réquisition, confiscation ou expropriation et aucun agent d'autorité publique ne peut donc y pénétrer sans une autorisation préalable. Par ailleurs, les biens et avoirs de l'Union ne peuvent être l'objet d'aucune mesure de contrainte administrative ou judiciaire sans une autorisation de la Cour de justice. Enfin, l'Union, ses avoirs, revenus et autres biens sont exonérés de tout impôt direct. De même, les importations et exportations d'articles destinés à l'usage officiel de l'Union sont exemptées de droits de douane.

Par contre, l'Union européenne ne dispose pas d'une immunité de juridiction. L'article 274 TFUE pose en effet le principe de la compétence des juridictions nationales pour les litiges dans lesquels l'Union est partie sous réserve des compétences attribuées à la Cour de justice de l'UE.

b) Les privilèges et immunités des fonctionnaires et membres des institutions de l'Union

En application du protocole (n° 7) sur les privilèges et immunités, les membres des institutions, les représentants des États membres participant aux travaux des institutions et les missions d'États tiers accréditées auprès de l'Union européenne bénéficient, à des degrés divers, de garanties, privilèges et immunités. Ainsi par exemple, les membres des institutions, organes et organismes de l'Union (députés européens, commissaires européens, juges et avocats généraux, membres des organes de la Banque centrale européenne...) jouissent notamment de la liberté de déplacement, d'une immunité en raison des opinions ou votes émis dans l'exercice de leurs fonctions et de facilités en matière douanière et de contrôle des changes.

Quant aux fonctionnaires et autres agents de l'Union, quelle que soit leur nationalité, ils bénéficient également de privilèges et immunités leur permettant d'exercer leurs fonctions en toute indépendance vis-à-vis des États membres et plus particulièrement de l'État du siège. Ils peuvent notamment se prévaloir d'une immunité de juridiction pendant et après la cessation de leurs fonctions pour les actes qu'ils ont accomplis en leur qualité officielle, d'une exemption d'impôts nationaux sur les traitements, salaires et émoluments versés par l'Union (cela ne signifie pas pour autant que le personnel de l'Union jouit d'une immunité fiscale car leurs revenus sont soumis à un impôt prélevé à la source au profit de l'Union) ou encore du droit d'importer en franchise leur mobilier et leurs effets personnels à l'occasion de leur première prise de fonctions et de les réexporter en franchise à la cessation de leurs fonctions.

2 Les compétences de l'Union

Le principe d'attribution des compétences

À l'instar des organisations internationales classiques, l'Union européenne est régie par le ***principe d'attribution des compétences*** (également dénommé « principe de spécialité »). Autrement dit, les États membres possèdent une compétence de droit commun et l'Union n'est titulaire que des compétences qui lui ont été attribuées par ces derniers. Ainsi, l'Union ne peut et surtout ne doit exercer ses activités que dans les domaines limitativement énumérés par les traités. Le principe de spécialité apparaît expressément dans les dispositions du Traité sur l'UE. Plus particulièrement, en énonçant que « *le principe d'attribution régit la délimitation des compétences de l'Union* » (art. 5 al. 1er, TUE), qu'« *en vertu du principe d'attribution, l'Union n'agit que dans les limites des compétences que les États lui ont attribuées dans les traités pour atteindre les objectifs que ces traités établissent* » (art. 5 al. 2, TUE) et que « *chaque institution agit dans les limites des attributions qui lui sont conférées dans les traités, conformément aux procédures, conditions et fins prévues par ceux-ci* » (art. 13 § 2, TUE), ***le principe d'attribution régit non seulement la répartition des compétences entre les États membres et l'Union européenne mais s'applique également aux institutions de l'Union***.

L'attribution de compétences est ainsi ***assimilable à un transfert de compétences*** de la part des États membres au profit de l'Union. Cependant, ***il est préférable d'utiliser la notion d'attribution à celle de transfert*** dans la mesure où les compétences octroyées à l'Union n'ont pas systématiquement leur équivalent dans les États membres, de sorte que les compétences de l'Union se sont parfois développées sur des terrains totalement vierges au plan national.

Les correctifs au principe d'attribution des compétences

Alors même que le Traité sur l'UE confère encore aujourd'hui à l'Union une stricte compétence d'attribution – tout comme le faisait auparavant le Traité CE au profit de la Communauté européenne –, c'est finalement en pratique une conception beaucoup plus extensive des compétences des Communautés, et aujourd'hui de l'Union, qui s'est progressivement imposée. En effet, outre le fait que les traités eux-mêmes comportent une ***réserve de compétences subsidiaires***, la Cour de justice a également reconnu l'existence de ***compétences implicites***.

a) Les compétences subsidiaires

À l'origine du processus d'intégration, les États signataires des traités de Rome étaient parfaitement conscients que les compétences conférées sous forme d'attributions spécifiques ne seraient pas suffisantes pour réaliser l'ensemble des objectifs assignés à ces deux Communautés. C'est donc pour corriger la rigidité du principe d'attribution des compétences que les articles 235 TCEE (devenu art. 352 § 1er, TFUE) et 203 TCEEA instituent dès l'origine une ***réserve de compétences subsidiaires***. Plus particulièrement, l'article 352 paragraphe 1er TFUE dispose, « *si une action de l'Union paraît nécessaire, dans le cadre des politiques définies par les traités, pour atteindre l'un des objectifs visés par les traités, sans que ceux-ci n'aient prévus les pouvoirs d'action requis à cet effet, le Conseil, statuant à l'unanimité sur proposition de la Commission et après approbation du Parlement européen, adopte les dispositions appropriées* » « *si une action de la Communauté apparaît nécessaire pour réaliser, dans le fonctionnement du marché commun, l'un des objets de la Communauté, sans que le présent traité ait prévu les pouvoirs d'action requis à cet effet, le Conseil, statuant à l'unanimité sur proposition de la Commission et après consultation du Parlement européen, prend les dispositions appropriées* ». Ainsi, cette ***clause de flexibilité*** permet donc au Conseil, moyennant le respect d'une procédure assez lourde – vote à l'unanimité du Conseil et approbation du Parlement européen – mais exclusivement institutionnelle, de combler les lacunes qui peuvent apparaître dans les pouvoirs attribués aux institutions pour réaliser les objectifs de l'Union.

En pratique, l'article 352 paragraphe 1er TFUE a joué un ***rôle déterminant dans le processus d'intégration*** et permis au Conseil de renforcer certaines actions communautaires ou encore d'instaurer des politiques totalement nouvelles. C'est notamment sur le fondement de cette disposition que le Conseil adoptera les premières dispositions communautaires en matière de protection de l'environnement dès la fin des années soixante-dix alors même que ce domaine ne deviendra une compétence expresse de la Communauté européenne qu'à compter de l'Acte unique de 1986. Le caractère évolutif de l'Union fait de l'article 352 paragraphe 1er TFUE une disposition qui garde encore aujourd'hui tout son intérêt et toute sa potentialité car l'Union aura peut-être un jour besoin d'intervenir dans des domaines jusqu'à présent insoupçonnés.

b) La théorie des compétences implicites

C'est en fondant principalement son raisonnement sur les buts et les finalités de la Communauté européenne – désormais l'Union européenne – que la Cour de justice a admis que les institutions pouvaient exercer non seulement les attributions qui leur sont conférées par le traité mais aussi celles qui, sans être expressément mentionnées, s'avèrent indispensables à la réalisation des objectifs assignés à la Communauté européenne – aujourd'hui l'Union européenne –. La Cour de justice a plus particulièrement fait application de cette ***théorie des compétences implicites*** en matière de compétences externes de la Communauté européenne. L'article 3 paragraphe 2 TFUE, tel qu'il résulte du Traité de Lisbonne, confirme d'ailleurs implicitement et conforte la théorie des compétences implicites lorsqu'il précise que, dans les autres domaines que l'union douanière, l'établissement des règles de concurrence nécessaires au fonctionnement du marché intérieur, la politique monétaire pour les États membres dont la monnaie est l'euro, la conservation des ressources biologiques de la mer dans le cadre de la politique commune de la pêche et la politique commerciale commune, l'Union dispose également d'une compétence exclusive pour la conclusion d'un accord international « *lorsque cette conclusion est nécessaire pour lui permettre d'exercer sa compétence interne* ».

■ *La répartition des compétences entre l'Union européenne et les États membres*

Avant le Traité de Lisbonne, les traités constitutifs des Communautés européennes ne comportaient aucune disposition spécifique consacrée à la question de la répartition des compétences. Il convenait donc de se référer aux dispositions matérielles des traités (libre circulation des marchandises, agriculture, transports, emploi, industrie, environnement...) pour déterminer, au cas par cas et avec plus ou moins de précision, les pouvoirs impartis aux institutions ainsi que les formes et les conditions d'exercice de ces pouvoirs. De plus, les traités constitutifs se gardaient bien de régler le problème de cette répartition sous forme de matières comme dans la plupart des constitutions fédérales ou régionalistes, mais optaient au contraire pour une répartition sous forme d'objectifs à atteindre et d'actions à mener. Ainsi, les attributions de compétences entre l'Union ou les Communautés européennes et ses États membres relevaient donc principalement d'une ***démarche fonctionnelle***. De fait, ***l'étendue et l'intensité des compétences de l'Union et des Communautés européennes variaient selon les domaines concernés***. Conformément aux innovations institutionnelles agréées lors de la CIG 2004 et contrairement aux traités antérieurs, le ***Traité de Lisbonne clarifie et énonce les compétences de l'Union en trois catégories génériques*** : les ***compétences exclusives***, les ***compétences partagées*** et les ***compétences d'appui, de coordination ou de complément***. Par ailleurs, le Traité de Lisbonne énumère également les ***domaines d'action*** relevant de ces trois domaines de compétences. Toutefois, et pour être exhaustif, on envisagera également l'hypothèse des ***compétences retenues des États membres***.

a) Les compétences retenues

Il s'agit des domaines qui n'ont fait l'objet d'aucune attribution à l'Union européenne. Les articles 4 paragraphe 1er et 5 paragraphe 2 TUE, ainsi que la déclaration (n° 18) annexée à l'acte final de la CIG qui a adopté le Traité de Lisbonne, évoquent d'ailleurs implicitement ces compétences retenues lorsqu'ils disposent que « *toute compétence non attribuée à l'Union dans les traités appartient aux États membres* ». Même si les États membres conservent dans ces domaines l'intégralité de leurs pouvoirs, ces derniers doivent cependant s'abstenir, en vertu de leur devoir général de coopération posé par l'article 4 paragraphe 3 TUE, de toutes mesures susceptibles de mettre en péril la réalisation des objectifs de l'Union et exercer leurs compétences retenues dans le respect du droit de l'Union.

b) Les compétences exclusives

Il s'agit des domaines qui ont été intégralement attribués à l'Union européenne. Lorsque les traités attribuent une compétence exclusive dans un domaine déterminé, seule l'Union peut légiférer et adopter des actes juridiquement contraignants. Les États membres ont donc perdu dans ces domaines le pouvoir de légiférer ou de réglementer sauf s'ils sont habilités par l'Union ou s'ils assurent la mise en œuvre des actes de l'Union (art. 2 § 1er, TFUE).

L'article 3 paragraphe 1er TFUE énumère limitativement les domaines constituant une ***compétence exclusive par nature*** de l'Union, à savoir : l'union douanière, l'établissement des règles de concurrence nécessaires au fonctionnement du marché intérieur, la politique monétaire pour les États membres dont la monnaie est l'euro, la conservation des ressources biologiques de la mer dans le cadre de la politique commune de la pêche et la politique commerciale commune. Par ailleurs, l'article 3 paragraphe 2 TFUE précise que l'Union dispose également d'une compétence exclusive pour la conclusion d'un accord international lorsque cette conclusion est prévue dans un acte législatif de l'Union, ou est nécessaire pour lui permettre d'exercer sa compétence interne (il s'agit d'une confirmation de la théorie des compétences implicites), ou dans la mesure où elle est susceptible d'affecter des règles communes ou d'en altérer la portée.

c) Les compétences partagées

Il s'agit des domaines dans lesquels la compétence de l'Union européenne coexiste avec celle des États membres. Lorsque les traités attribuent à l'Union une telle compétence dans un domaine déterminé, l'Union et les États membres peuvent donc légiférer et adopter des actes juridiquement contraignants dans ce domaine. Toutefois, les États membres exercent leur compétence dans la mesure où l'Union n'a pas exercé la sienne et l'exercent à nouveau dans la mesure où l'Union a décidé de cesser d'exercer la sienne (art. 2 § 2, TFUE). On peut donc en déduire qu'***il s'agit de domaines dans lesquels il y a coexistence de la compétence de l'Union et de celle des États membres aussi longtemps que l'Union n'est pas intervenue.*** En effet, à partir du moment où les institutions se saisissent d'un domaine de compétences partagées, les États membres perdent du même coup la possibilité d'y intervenir, c'est-à-dire de légiférer ou de prendre des engagements conventionnels avec des pays tiers. ***Ainsi, la compétence étatique n'est donc que transitoire et subsiste, tout en étant encadrée par le droit de l'Union, tant***

que les institutions n'ont pas adopté d'actes contraignants dans le domaine couvert. Une fois la compétence de l'Union exercée, l'intervention des États membres est alors prohibée dans le domaine couvert par la législation de l'Union. En définitive, seul l'exercice effectif de la compétence de l'Union est de nature à exclure progressivement la compétence nationale évitant ainsi tout risque de vide juridique. Si le domaine est intégralement préempté par l'Union, la compétence de l'Union devient alors exclusive en ce sens qu'elle prive, selon la Cour de justice, « *les États membres d'une compétence qu'ils pouvaient exercer auparavant à titre transitoire* » (*CJ, 19 mars 1993, avis 2/91, Convention n° 170 de l'Organisation internationale du travail concernant la sécurité dans l'utilisation des produits chimiques au travail, Rec. 1993, p. I-1061*). Dès lors que l'Union a épuisé sa compétence, « *les dispositions prises par elle sont exclusives de toutes dispositions divergentes des États membres* » (*CJ, 16 février 1978, aff. 61/77, Commission c. Irlande, Rec. 1978, p. 417*). Toutefois, il convient de ne pas faire d'amalgames entre de telles compétences exclusives (dites ***compétences exclusives par exercice***) et les compétences exclusives par nature évoquées précédemment dans la mesure où, s'agissant des premières, il est toujours possible de revenir en arrière soit à l'occasion d'un dessaisissement de compétence de l'Union soit encore en abrogeant la législation de l'Union en vigueur permettant ainsi aux États membres de se réapproprier le domaine en question et de légiférer alors que, s'agissant des secondes, seule une modification du traité peut permettre aux États membres de se réapproprier une compétence exclusive par nature attribuée à l'Union. Si l'Union décide de cesser d'exercer sa compétence dans un domaine partagé, l'article 2 paragraphe 2 TFUE prévoit que les États membres exercent alors à nouveau la leur. Cette hypothèse est confirmée par la déclaration (n° 18) annexée à l'acte final de la CIG qui a adopté le Traité de Lisbonne : « *Lorsque les traités attribuent à l'Union une compétence partagée avec les États membres dans un domaine déterminé, les États membres exercent leur compétence dans la mesure où l'Union n'a pas exercé la sienne ou a décidé de cesser de l'exercer. Ce dernier cas de figure peut se produire lorsque les institutions compétentes de l'Union décident d'abroger un acte législatif, en particulier en vue de mieux garantir le respect constant des principes de subsidiarité et de proportionnalité. Sur l'initiative d'un ou de plusieurs de ses membres (représentants des États membres) et conformément à l'article 241 du traité sur le fonctionnement de l'Union européenne, le Conseil peut demander à la Commission de soumettre des propositions visant à abroger un acte législatif. La Conférence se félicite que la Commission déclare qu'elle accordera une attention particulière à ce type de demande.* ».

L'article 4 paragraphe 1er TFUE prévoit que l'Union dispose d'une compétence partagée avec les États membres lorsque les traités lui attribuent une compétence qui ne relève ni d'un domaine visé à l'article 3 (compétence exclusive) ni à l'article 6 (compétence d'appui, de coordination et de complément). Cependant, l'article 4 paragraphe 2 TFUE énumère les principaux domaines de compétences partagées entre l'Union et les États membres tout en ayant soin de bien préciser qu'il ne s'agit en rien d'une liste exhaustive. Sont ainsi concernés : le marché intérieur, la politique sociale – pour les aspects définis dans le Traité sur le fonctionnement de l'UE –, l'environnement, les transports, la cohésion économique, sociale et territoriale, l'agriculture et la pêche – à l'exclusion de la conservation des ressources biologiques de la mer –, la protection des consommateurs, les réseaux transeuropéens, l'énergie, l'Espace de liberté, de sécurité et de justice et les enjeux communs de sécurité en matière de santé publique – pour les aspects définis dans le Traité sur le fonctionnement de l'UE –. On constate ainsi que ***l'essentiel des compétences de l'Union est constitué par des compétences partagées avec celles des États membres***.

Les paragraphes 3 et 4 de l'article 4 TFUE envisagent à part les domaines de la recherche, du développement technologique et de l'espace ainsi que ceux de la coopération au développement et de l'aide humanitaire. En effet, s'agissant de ces domaines spécifiques, le traité prend soin de préciser que l'Union dispose d'une compétence pour y mener notamment des actions sans pour autant « *que l'exercice de cette compétence ne puisse avoir pour effet d'empêcher les États membres d'exercer la leur* ». On doit déduire de cette formulation que les domaines de la recherche, du développement technologique et de l'espace ainsi que ceux de la coopération au développement et de l'aide humanitaire sont, plutôt que des compétences partagées, des ***compétences conjointes*** dans la mesure où dans ces domaines ***la compétence de l'Union coexistera toujours avec celle des États membres***. Ainsi, il s'agit donc de domaines pour lesquels le Traité sur le fonctionnement de l'UE n'envisage absolument pas une préemption intégrale de la compétence par l'Union européenne.

d) Les compétences d'appui, de coordination ou de complément

Il s'agit des domaines dans lesquels l'Union dispose d'une compétence pour mener des actions pour appuyer, coordonner ou compléter l'action des États membres, sans pour autant remplacer leur compétence dans ces domaines. La compétence de l'Union n'est donc qu'accessoire à celle des États membres et ne peut, en aucune manière, s'y substituer. D'ailleurs, les actes juridiquement contraignants de l'Union adoptés dans ces domaines de compétence ne peuvent pas comporter d'harmonisation des dispositions législatives et réglementaires des États membres. L'article 6 TFUE énumère limitativement les domaines constituant une compétence d'appui, de coordination ou de complément. Sont ainsi visés la protection et l'amélioration de la santé humaine, l'industrie, la culture, le tourisme, l'éducation, la formation professionnelle, la jeunesse et le sport, la protection civile et enfin la coopération administrative.

La question de la délimitation des compétences entre l'Union européenne et les États membres n'est pas pour autant définitivement épuisée par le Traité de Lisbonne dans la mesure où l'article 48 TUE prévoit que les traités peuvent être révisés conformément à une procédure de révision ordinaire en vue d'accroître ou de réduire les compétences attribuées à l'Union par les traités (voy. égal. en ce sens la déclaration (n° 18) adoptée par la CIG 2007).

■ *L'exercice des compétences de l'Union*

Le traité de Maastricht consacre deux principes permettant à la fois de rationaliser et de réguler l'exercice des compétences de l'Union : ***le principe de subsidiarité*** et ***le principe de proportionnalité***. Selon les termes mêmes de l'article 5 paragraphe 1er TUE, « *les principes de subsidiarité et de proportionnalité régissent l'exercice des compétences de l'Union* ». Le premier permet de déterminer si la compétence de l'Union doit être exercée, le second concerne l'ampleur de son intervention. L'examen de la subsidiarité intervient donc avant celui de la proportionnalité.

a) Le principe de subsidiarité

L'article 5 paragraphe 3 TUE, tel qu'il résulte du Traité de Lisbonne, énonce le principe de subsidiarité dans les termes suivants : « *En vertu du principe de subsidiarité, dans les domaines qui ne relèvent pas de sa compétence exclusive, l'Union intervient seulement si, et dans la mesure où, les objectifs de l'action envisagée ne peuvent pas être atteints de manière suffisante par les États membres, tant au niveau central qu'au niveau régional et local, mais peuvent l'être mieux, en raison des dimensions ou des effets de l'action envisagée, au niveau de l'Union* ».

Ainsi formulé, le principe de subsidiarité apparaît comme un principe quelque peu ambigu pouvant tout autant fonder une extension qu'une limitation des compétences de l'Union. Cependant, une seule lecture de l'article 5 TUE s'impose : le principe de subsidiarité n'est pas un principe d'attribution des compétences ni même de limitation des compétences mais ***un instrument de régulation de l'exercice des seules compétences partagées***. D'un point de vue fonctionnel, le principe de subsidiarité permet donc de déterminer si une compétence concurrente doit être exercée par l'Union ou par les États membres. Il constitue de ce fait un ***concept dynamique*** de nature à modifier l'exercice des compétences concurrentes en fonction des dimensions ou des effets de l'action envisagée. Le principe de subsidiarité n'a donc pas vocation à établir une frontière stricte entre les compétences de l'Union et celles des États membres mais permet, au contraire, une nouvelle régulation des compétences partagées fondée sur un ***critère d'efficacité*** (« *(...) les objectifs de l'action envisagée ne peuvent pas être atteints de manière suffisante par les États membres (...)* ») et un **critère de valeur ajoutée de l'action européenne** (« *(...) les objectifs de l'action envisagée (...) peuvent l'être mieux, en raison des dimensions ou des effets de l'action envisagée, au niveau de l'Union.* »). En pratique, c'est donc en réalisant un ***test d'efficacité comparative*** entre l'action de l'Union et celle des États membres qu'on détermine, au cas par cas, qui des États ou de l'Union doit intervenir. Dès lors, l'exercice de chaque compétence partagée est susceptible d'évoluer dans le temps en fonction des nécessités et des circonstances propres aux objectifs visés.

Les modalités d'application du principe de subsidiarité avaient été définies par le Conseil européen d'Édimbourg des 11 et 12 décembre 1992 puis dans un accord interinstitutionnel entre le Parlement européen, le Conseil et la Commission sur les procédures pour la mise en œuvre du principe de subsidiarité du 29 octobre 1993. Les trois institutions s'engageaient notamment à travers cet accord à vérifier de façon régulière, à tous les différents stades de la procédure décisionnelle, la conformité des actions envisagées au regard du principe de subsidiarité. Le ***protocole (n° 2) sur l'application des principes de subsidiarité et de proportionnalité*** annexé au Traité sur l'UE et au Traité sur le fonctionnement de l'UE codifie les textes existants en déterminant les conditions d'application du principe de subsidiarité et en précisant les implications procédurales de ce principe pour les institutions. Ce protocole instaure par ailleurs un ***mécanisme de contrôle a priori du principe de subsidiarité par les Parlements nationaux*** chargés de veiller désormais au respect de ce principe conformément à la procédure instaurée par ce même protocole (art. 5 § 3, TUE ; 12 point b, TUE). Désormais, tout Parlement national ou toute chambre de l'un de ces parlements peut contester tout projet d'acte législatif de l'Union dès lors qu'il estime qu'un tel projet n'est pas conforme au principe de subsidiarité. Le principe de subsidiarité est soumis à un ***contrôle juridictionnel***. La Cour de justice de l'UE est en effet compétente pour se prononcer sur les recours pour violation, par un acte législatif, du principe de subsidiarité formés, conformément aux modalités prévues à l'article 263 TFUE, par un État membre ou transmis par celui-ci conformément à son ordre juridique au nom de son parlement national ou d'une chambre de celui-ci. De tels recours peuvent aussi être formés par le Comité des régions contre des actes législatifs pour l'adoption desquels le Traité sur le fonctionnement de l'UE prévoit sa consultation. Toutefois, la mise en œuvre du principe de subsidiarité laissant une large place à des éléments d'opportunité comme en témoignent d'ailleurs certaines expressions qu'on retrouve dans la formulation de l'article 5 paragraphe 3 TUE (« *manière suffisante* », « *peuvent l'être mieux* »), la Cour de justice n'exerce qu'un contrôle minimum du principe de subsidiarité portant sur l'erreur manifeste d'appréciation (*CJ, 12 novembre 1996, aff. C-84/94, Royaume-Uni c. Conseil, Rec. 1996, p. I-5755*).

b) Le principe de proportionnalité

L'article 5 paragraphe 4 TUE, tel qu'il résulte du Traité de Lisbonne, énonce le principe de proportionnalité dans les termes suivants : « *En vertu du principe de proportionnalité, le contenu et la forme de l'action de l'Union n'excèdent pas ce qui est nécessaire pour atteindre les objectifs des traités.* ».

À la différence du principe de subsidiarité, le principe de proportionnalité s'applique à toutes les actions des institutions puisqu'il couvre non seulement les domaines de compétences partagées mais également ceux de compétences exclusives. Selon la Cour de justice, le principe de proportionnalité « *exige que les actes des institutions communautaires ne dépassent pas les limites de ce qui est approprié et nécessaire à la réalisation des objectifs légitimes poursuivis par la réglementation en cause, étant entendu que, lorsqu'un choix s'offre entre plusieurs mesures appropriées, il convient de recourir à la moins contraignante, et que les inconvénients causés ne doivent pas être démesurés par rapport aux buts visés* » (*CJ, 5 octobre 1994, aff. jointes C-133/93 e.a., A. Crispoltoni e.a. c. Fattoria Autonoma Tabacchi e.a., Rec. 1994, p. I-4863*). Ainsi, ***le principe de proportionnalité concerne tout autant le contenu de l'intervention que la forme qu'elle prend***. S'agissant du contenu de l'intervention, le principe de proportionnalité suppose qu'à partir du moment où les institutions adoptent un acte législatif, elles ***doivent se garder de tout excès de législation***. S'agissant de la forme de l'intervention, le protocole (n° 2) sur l'application des principes de subsidiarité et de proportionnalité annexé au Traité sur l'UE et au Traité sur le fonctionnement de l'UE indique que tout projet d'acte législatif doit être accompagné d'une fiche comportant des éléments permettant d'évaluer son impact financier et, lorsqu'il s'agit d'une directive, ses implications sur la réglementation à mettre en œuvre par les États membres, y compris, le cas échéant, la législation régionale. Par ailleurs, les projets d'actes législatifs doivent tenir compte de la nécessité de faire en sorte que toute charge, financière ou administrative, incombant à l'Union, aux gouvernements nationaux, aux autorités régionales ou locales, aux opérateurs économiques et aux citoyens soit la moins élevée possible et à la mesure de l'objectif à atteindre. Ainsi, dès lors que les institutions ont une liberté de choix entre plusieurs modes d'intervention, elles ***doivent privilégier, à efficacité égale, le mode d'action qui est le moins contraignant pour l'Union, les États membres, les opérateurs économiques ou les particuliers***. Le principe de proportionnalité est lui aussi soumis à un ***contrôle juridictionnel***. Toutefois, la Cour de justice considère qu'à partir du moment où les institutions disposent d'un large pouvoir d'appréciation en matière économique, il ne lui appartient pas d'apprécier l'opportunité d'un acte législatif qui relève de la seule compétence des instances politiques. Ainsi, lors de l'examen du respect du principe de proportionnalité, le juge de l'Union se limite à sanctionner tout dépassement manifeste des limites du pouvoir d'appréciation des institutions de l'Union ou encore le caractère manifestement inapproprié d'une mesure arrêtée par rapport à l'objectif qu'elles entendent poursuivre (*CJ, 5 octobre 1994, aff. C-280/93, Allemagne c. Conseil, Rec. 1994, p. I-4973*).

Les moyens humains et matériels

CHAPITRE 4

L'Union européenne dispose de ressources humaines et matérielles pour mener les différentes missions qui lui sont assignées par les traités. Toutefois, ces moyens sont relativement modestes comparés au nombre d'agents publics et au montant des budgets des États membres.

1 Les ressources humaines : la fonction publique de l'Union européenne

La fonction publique de l'Union regroupe l'ensemble des personnes travaillant pour les institutions, organes et organismes de l'Union européenne. Au 1er janvier 2013, l'Union européenne employait un peu plus de ***47 000 personnes*** (dont plus de 63 % au profit de la seule Commission européenne) réparties entre les institutions, organes et organismes de l'Union européenne de la façon suivante.

Les effectifs des institutions, organes et organismes de l'Union européenne (2013)

Institutions, organes et organismes de l'Union européenne	Emplois permanents	Emplois temporaires
Parlement européen	5 567	1 146
Conseil européen et Conseil	3 117	36
Commission européenne	24 502	442
- fonctionnement	18 906	364
- recherche et développement technologique	3 773	
- Office des publications de l'UE	669	
- Office européen de lutte antifraude	303	75
- Office européen de sélection du personnel	122	3
- Office de gestion et de liquidation des droits individuels	182	
- Office pour les infrastructures et la logistique à Bruxelles	403	
- Office pour les infrastructures et la logistique à Luxembourg	144	
Cour de justice de l'Union européenne	1 579	416
Cour des comptes	752	139
Comité économique et social européen	692	35
Comité des régions	494	43
Médiateur européen	27	40
Contrôleur européen de la protection des données	45	
Service européen pour l'action extérieure	1 669	
Organismes décentralisés	707	5 198
Entreprises communes européennes	62	319
Institut européen d'innovation et de technologie		34
Agences exécutives		425
TOTAL	39 213	8 274

Source : Budget général de l'Union européenne pour l'exercice 2013, *JO n° L66 du 8 mars 2013*, p. I/121.

En pratique, la fonction publique de l'Union se compose de ***fonctionnaires permanents*** et d'***agents contractuels temporaires***. Les fonctionnaires, recrutés par voie de concours organisés depuis janvier 2003 par l'Office européen de sélection du personnel (EPSO), sont soumis au ***statut des fonctionnaires de l'Union européenne***. En complément des concours de fonctionnaires, les institutions, organes et organismes de l'Union emploient également d'autres personnes afin de pourvoir à certains postes spécifiques. Ce personnel, soumis au ***régime applicable aux autres agents de l'Union européenne***, est recruté par voie contractuelle à durée déterminée.

2 Les ressources matérielles

■ *Le siège des institutions de l'Union*

Dans la mesure où initialement les Communautés européennes et aujourd'hui l'Union européenne ne disposent pas d'une capitale (apanage des seuls États), les traités constitutifs avaient prévu que les gouvernements des États membres fixent d'un commun accord le siège des institutions communautaires. Toutefois, l'absence un tel accord conduit les institutions à vivre dans le provisoire. Une décision des représentants des gouvernements accompagnant le Traité de Bruxelles d'avril 1965 réalise un premier compromis entre les États membres (*JO n° 152 du 13 juillet 1967*). Cette décision précise notamment que Luxembourg, Bruxelles et Strasbourg demeurent les lieux de travail provisoires des institutions des Communautés européennes. En fait, les difficultés principales résultent du Parlement européen dont l'activité est partagée entre les trois villes. Cette institution a donc tenté à plusieurs reprises de regrouper toutes ses activités à Bruxelles. Ces velléités ont suscité de nombreux litiges avec la France et le Luxembourg car ces deux États membres n'entendaient pas voir cette institution quitter leur territoire (voy. not., *CJ, 10 février 1983, aff. 230/81, Luxembourg c. Parlement, Rec. 1983, p. 255 ; 22 septembre 1988, aff. jointes 358/85 et 51/86, France c. Parlement, Rec. 1988, p. 4821*). La décision des représentants des gouvernements des États membres adoptée à l'occasion du Conseil européen d'Édimbourg de décembre 1992 semblait avoir mis fin au contentieux. Une ultime tentative du Parlement européen de contourner cette décision, condamnée par la Cour de justice (*CJ, 1er octobre 1997, aff. C-345/95, France c. Parlement, Rec. 1997, p. I-5215*), décide les États membres à transformer cette décision en un protocole au Traité d'Amsterdam. Ce protocole (voy. protocole (n° 6) sur la fixation des sièges des institutions et de certains organes, organismes et services de l'Union européenne annexé au Traité sur l'UE et au Traité sur le fonctionnement de l'UE) précise que le siège du Parlement européen est à Strasbourg où se tiennent les douze périodes de sessions plénières mensuelles, y compris la session budgétaire. Par contre, les périodes de sessions plénières additionnelles, les commissions parlementaires et les réunions des groupes politiques se tiennent à Bruxelles alors que le secrétariat général du Parlement européen et ses services restent installés à Luxembourg. Désormais, seul un acte de droit primaire peut venir modifier le siège des institutions de l'Union (voy. néanmoins l'annulation du calendrier des périodes de sessions plénières du Parlement européen pour les années 2012 et 2013 par la Cour de justice, *CJ, 13 décembre 2012, aff. jointes C-237/11 et C-238/11, France c. Parlement, Nep*). Cet éparpillement est préjudiciable à un fonctionnement rationnel des institutions et il faudra bien qu'à terme et dans cette perspective on admette que le Parlement européen siège à Bruxelles au côté du Conseil et de la Commission européenne.

Le siège des institutions et des principaux organes de l'Union européenne	
Conseil européen	Bruxelles
Parlement européen	Strasbourg
Conseil	Bruxelles
Commission européenne	Bruxelles
Cour de justice de l'Union européenne	Luxembourg
Cour des comptes	Luxembourg
Comité économique et social européen	Bruxelles
Comité des régions	Bruxelles
Banque centrale européenne	Francfort
Banque européenne d'investissement	Luxembourg

■ *Le budget de l'Union européenne*

Les recettes du budget général de l'Union européenne relève de deux catégories principales : les ressources propres et les autres recettes. Cette distinction est mentionnée à l'article 311 alinéa 2 TFUE : « *Le budget est, sans préjudice des autres recettes, intégralement financé par des ressources propres* ». L'essentiel des dépenses budgétaires est financé par le système des ressources propres instauré en 1970 et les autres recettes ne représentent qu'une toute petite partie du financement de l'Union européenne.

a) Les ressources propres et les autres recettes

Les ressources propres peuvent se définir comme des ***recettes affectées à titre définitif au budget de l'Union européenne par les États membres et lui revenant de droit afin de financer ses actions et ses politiques***. Le Conseil européen de Bruxelles des 15 et 16 décembre 2005 a maintenu, pour la période 2007-2013, ***le plafond des ressources propres à 1,23 % du montant total des RBN des États membres***.

La dernière décision en date relative au système des ressources propres (décision 2007/436/CE, Euratom du Conseil du 7 juin 2007, *JO n° L163 du 23 juin 2007*) distingue :

1) Les ressources propres traditionnelles (dénommées « RPT »)

Introduites en 1970, elles sont perçues auprès des opérateurs économiques par les États membres pour le compte de l'Union européenne sur les échanges avec les pays tiers sans qu'il soit désormais établi une quelconque différence entre les prélèvements perçus sur les importations de produits agricoles et les droits de douane encaissés sur les importations de marchandises et de produits industriels. Plus particulièrement, les recettes provenant des RPT comprennent les

« prélèvements, primes, montant supplémentaires ou compensatoires, montants ou éléments additionnels, des droits du tarif douanier commun et autres droits établis ou à établir par les institutions des Communautés sur les échanges avec les pays non-membres, des droits de douane sur les produits relevant du traité, arrivé à expiration, instituant la Communauté européenne du charbon et de l'acier ainsi que des cotisations et autres droits prévus dans le cadre de l'organisation commune des marchés dans le secteur du sucre » (art. 2 § 1er point a, décision 2007/436/CE, Euratom). Les États membres conservent 25 % des montants perçus sur les RPT au titre des frais de perception.

2) La ressource propre fondée sur la taxe sur la valeur ajoutée (dénommée « ressource TVA »)

Cette « ressource TVA », créée en 1970, provient de l'application aux assiettes TVA des États membres d'un taux uniforme d'appel fixé en fonction de règles harmonisées à l'échelle de l'Union européenne. Cependant, les assiettes TVA à prendre en compte à cet effet sont écrêtées à 50 % du RNB des États membres afin de corriger les défauts de cette ressource pénalisant les États membres les moins prospères. Depuis 2007, le taux uniforme d'appel de la « ressource TVA » est fixé à 0,30 %. Pour la période 2007-2013 uniquement, ce taux est fixé à 0,225 % pour l'Autriche, à 0,15 % pour l'Allemagne et à 0,10 % pour les Pays-Bas et la Suède.

3) La ressource propre fondée sur le revenu national brut (dénommée « ressource RNB »)

Cette « ressource RNB », instaurée en 1988, résulte de l'application d'un taux uniforme d'appel à la somme des revenus nationaux bruts de tous les États membres, déterminé chaque année dans le cadre de la procédure budgétaire de manière à équilibrer les recettes et les dépenses (le taux uniforme d'appel de la « ressource RNB » pour le budget 2013 a été fixé à 0,7288 %). Il s'agit donc d'une ressource d'équilibre du budget destinée à alimenter le budget de l'Union au cas où le total des deux autres ressources propres ne serait pas suffisant pour financer l'ensemble des dépenses prévues au budget de l'Union, étant entendu que le total des ressources (et de ce fait des dépenses) ne saurait excéder 1,23 % du montant total des RNB des États membres. Pour la période 2007-2013 uniquement, les Pays-Bas bénéficient d'une réduction brute de 605 millions d'euros de leur contribution à la « ressource RNB » et la Suède de 150 millions d'euros.

Outre les ressources propres, le budget de l'Union est également financé par ***diverses recettes***, tels les excédents dégagés lors des exercices antérieurs, les impôts et autres prélèvements opérés sur les traitements du personnel de l'Union, les contributions des pays tiers à certains programmes de l'Union, le produit et les intérêts de retard des amendes, astreintes et sanctions ou encore les revenus des fonds placés.

Répartition du financement par type de recettes

Type de recettes	Budget 2012		Budget 2013	
	Millions EUR	%	Millions EUR	%
Ressources propres traditionnelles	16 824,20	12,39	18 755,20	14,12
Ressource fondée sur la TVA	14 546,30	10,72	15 029,95	11,31
Ressource fondée sur le RNB	97 284,22	71,66	97 502,87	73,4
Autres recettes	7 103,51	5,23	1 548,97	1,17
TOTAL	**135 758,23**	100	**132 836,99**	100

Source : Budget général de l'Union européenne pour l'exercice 2013, *JO n° L66 du 8 mars 2013*, p. I/13.

b) Les dépenses budgétaires

Le budget général de l'Union européenne pour l'exercice 2013 s'élève à ***150,90 milliards d'euros en crédits d'engagement*** et ***132,83 milliards d'euros en crédits de paiement***. Ces montants représentent une augmentation de 1,66 % des crédits pour engagements et une diminution de 2,15 % des crédits pour paiements par rapport au précédent budget. Les ressources propres nécessaires au financement du budget 2013 représentent 0,98 % du montant total des RNB des États membres (soit bien au-dessous du seuil fixé pour la période 2007-2013).

Le Budget général de l'Union européenne (en milliards EUR)

	Budget 2012	Budget 2013
1. CROISSANCE DURABLE	60,29	59,08
2. CONSERVATION ET GESTION DES RESSOURCES NATURELLES	58,04	57,48
3. CITOYENNETÉ, LIBERTÉ, SÉCURITÉ ET JUSTICE	2,18	1,51
4. L'UNION EUROPÉENNE ACTEUR MONDIAL	6,97	6,32
5. ADMINISTRATION	8,28	8,43
TOTAL	**135,76**	**132,83**

Source : Budget général de l'Union européenne pour l'exercice 2013, *JO n° L66 du 8 mars 2013*, p. I/12.

Partie 3

La structure institutionnelle de l'Union européenne

Le Conseil européen

Chapitre 5

Élevé au rang d'institution de l'Union par le Traité de Lisbonne, le Conseil européen se situe au sommet de l'architecture institutionnelle de l'Union européenne. Cette institution a en effet pour fonction principale de donner les impulsions nécessaires au développement de l'Union et d'en définir les orientations et les priorités politiques générales.

Le Conseil européen occupe une place originale dans la structure institutionnelle de l'Union européenne dans la mesure où, absent des traités fondateurs des Communautés, il est ***né de la pratique***. Le Traité de Lisbonne élève le Conseil européen au rang d'***institution de l'Union***. Il constitue principalement et comme auparavant ***un organe de décision et d'impulsion politique*** même si le Traité de Lisbonne lui confère désormais une ***capacité décisionnelle en matière institutionnelle*** car c'est lui qui se voit désormais charger d'arrêter les principales décisions nécessaires au fonctionnement des autres institutions de l'Union.

1 La composition

Le Conseil européen est composé des ***vingt-huit chefs d'État ou de gouvernement des États membres de l'Union européenne*** ainsi que de son ***président*** et du ***président de la Commission européenne***. Le ***haut représentant de l'Union pour les affaires étrangères et la politique de sécurité*** participe à ses travaux. Lorsque l'ordre du jour l'exige, les chefs d'État ou de gouvernement peuvent décider d'être assistés chacun par un ministre et, en ce qui concerne le président de la Commission européenne, par un membre de cette institution.

2 Le fonctionnement

Puisqu'il a désormais rang d'institution de l'Union, le Conseil européen dispose d'un ***règlement intérieur*** qu'il adopte à la majorité simple.

■ La présidence du Conseil européen

Jusqu'à l'entrée en vigueur du Traité de Lisbonne, la présidence du Conseil européen était assurée, pendant une période de six mois et par rotation égalitaire, par le chef de l'exécutif de l'État membre qui exerçait la présidence du Conseil. Conformément aux innovations institutionnelles agréées lors de la CIG 2004, le Traité de Lisbonne institue une ***présidence permanente du Conseil européen***. Le ***Conseil européen élit son président à la majorité qualifiée pour une durée de deux ans et demi***, renouvelable une fois. Le président du Conseil européen, qui ne peut pas exercer de mandat national, occupe, de par ses fonctions, une place primordiale dans cette institution de l'Union. Il préside et anime les travaux du Conseil européen, assure la préparation et la continuité des travaux du Conseil européen en coopération avec le président de la Commission et sur la base des travaux du Conseil des affaires générales, œuvre pour faciliter la cohésion et le consensus au sein du Conseil européen et présente au Parlement européen un rapport à la suite de chacune des réunions du Conseil européen. Par ailleurs, il lui appartient d'assurer, à son niveau et en sa qualité, la représentation extérieure de l'Union pour les matières relevant de la PESC sans préjudice des attributions du haut représentant de l'Union pour les affaires étrangères et la politique de sécurité. Premier président permanent élu en novembre 2009 (1er décembre 2009 – 31 mai 2012), le Belge ***Herman Van Rompuy,*** seul candidat à sa succession, a été reconduit à son poste en mars 2012 par le Conseil européen à l'unanimité (1er juin 2012 – 30 novembre 2014). Les chefs d'État et de gouvernement des États membres de la zone euro ont par ailleurs décidé de lui confier la présidence des Sommets de la zone euro qui se réunissent deux fois par an au moins en complément des réunions du Conseil européen. Les Sommets réguliers de la zone euro, qui se sont imposés avec la crise de la dette depuis deux ans, sont désormais institutionnalisés et incarnent, selon Herman Van Rompuy, le nouveau « *gouvernement économique de l'union monétaire* ».

■ Le déroulement des travaux du Conseil européen

Le Conseil européen se réunit ***deux fois par semestre*** sur convocation de son président. En cas de circonstances exceptionnelles, ce dernier convoque une réunion extraordinaire du Conseil européen. Le Conseil européen se réunit en principe à ***Bruxelles***. L'ordre du jour du Conseil européen résulte pour l'essentiel des grandes questions d'actualité et des questions traitées par les institutions de l'Union. Il est fixé à titre provisoire par son président en coopération étroite avec le membre du Conseil européen représentant l'État membre qui exerce la présidence semestrielle du Conseil et le président de la Commission européenne et à titre définitif par le Conseil européen lui-même au début de sa réunion. Chaque réunion ordinaire du Conseil européen se déroule sur une ***durée maximale de deux jours***, sauf décision contraire du Conseil européen ou du Conseil des affaires générales, à l'initiative du président du Conseil européen. Le ***président du Parlement européen*** peut être invité à être entendu par le Conseil européen. Les réunions du Conseil européen ne sont pas publiques et ses délibérations relèvent du secret professionnel. Généralement, la première partie de la réunion est consacrée aux questions soulevées par l'Union et la seconde réservée plus spécifiquement à la PESC. Chaque réunion du Conseil européen donne lieu à la publication d'un procès-verbal, dénommé les ***conclusions de la présidence***, qui comprend la mention des documents transmis au Conseil européen, la mention des conclusions approuvées, les décisions prises et les déclarations faites par le Conseil européen ainsi que celles dont un membre du Conseil européen a demandé l'inscription.

■ *La prise de décision au sein du Conseil européen*

Le Conseil européen se prononce en principe par ***consensus*** sauf dans les cas où les traités en disposent autrement (art. 15 § 4, TUE). C'est ainsi que les traités prévoient que le Conseil européen se prononce parfois à la ***majorité simple*** (ex. : La procédure de révision ordinaire des traités prévoit que le Conseil européen peut décider à la majorité simple, après approbation du Parlement européen, de ne pas convoquer de Convention lorsque l'ampleur des modifications ne le justifie pas – art. 48 § 3, TUE ; Le Conseil européen statue à la majorité simple pour les questions de procédure ainsi que pour l'adoption de son règlement intérieur – art. 235 § 3, TFUE), à l'***unanimité*** (ex. : Le Conseil européen, statuant à l'unanimité sur proposition d'un tiers des États membres ou de la Commission européenne et après approbation du Parlement européen, peut constater l'existence d'une violation grave et persistante par un État membre des valeurs visées à l'article 2, après avoir invité cet État membre à présenter toute observation en la matière – art. 7 § 2, TUE ; Le Conseil européen adopte à l'unanimité, sur initiative du Parlement européen et avec son approbation, une décision fixant la composition du Parlement européen – art. 14 § 2, TUE), ou encore à la ***majorité qualifiée*** (ex. : Le Conseil européen élit son président à la majorité qualifiée – art. 15 § 5, TUE ; Sur la base de l'approbation par le Parlement européen, du président, du haut représentant de l'Union pour les affaires étrangères et la politique de sécurité et des autres membres de la Commission, en tant que collège, la Commission est nommée par le Conseil européen, statuant à la majorité qualifiée – art. 17 § 7, TUE ; Le Conseil européen, statuant à la majorité qualifiée, avec l'accord du président de la Commission, nomme le haut représentant de l'Union pour les affaires étrangères et la politique de sécurité – art. 18 § 1er, TUE). Les règles de majorité qualifiée qui s'appliquent au Conseil européen sont les mêmes que celles qui s'appliquent au Conseil lorsqu'il recourt à cette modalité de vote.

Lorsque le Conseil européen adopte une décision et procède à un vote, celui-ci a lieu à l'initiative de son président. Ce dernier est, par ailleurs, tenu d'ouvrir une procédure de vote à l'initiative d'un membre du Conseil européen, pour autant que la majorité de ses membres se prononce en ce sens. La présence des deux tiers des membres du Conseil européen est requise pour que le Conseil européen puisse procéder à un vote. Au moment du vote, le président vérifie que le *quorum* est atteint. Ni le président du Conseil européen, ni le président de la Commission européenne n'entrent dans le calcul de ce *quorum*. En cas de vote, chaque membre du Conseil européen peut recevoir délégation d'un seul des autres membres. Lorsque le Conseil européen se prononce par un vote, son président et le président de la Commission européenne n'y prennent pas part (art. 235 § 1er, TFUE). Les décisions du Conseil européen relatives à une affaire urgente peuvent être adoptées au moyen d'un vote par écrit lorsque le président du Conseil européen propose de recourir à cette procédure. Le recours à cette procédure écrite peut avoir lieu lorsque tous les membres du Conseil européen ayant le droit de vote acceptent de l'utiliser.

3 Les attributions

Conformément à l'article 15 paragraphe 1er TUE, le Conseil européen ***donne à l'Union les impulsions nécessaires à son développement et en définit les orientations et les priorités politiques générales***.

■ *Les compétences générales*

Bien que constituant désormais une institution de l'Union, le Conseil européen n'exerce cependant aucune fonction législative (art. 15 § 1er, TUE). Ainsi, et comme c'était déjà le cas avant le Traité de Lisbonne, le Conseil européen ne peut donc adopter aucun acte législatif comme peuvent le faire les autres institutions de l'Union. Toutefois, on ne peut pas pour autant lui dénier toute implication dans les politiques générales de l'Union européenne. En effet, le Conseil européen est fréquemment amené à intervenir en la matière. Cependant, lorsqu'il intervient dans le domaine des politiques générales de l'Union, ***le Conseil européen arrête au niveau politique des orientations ou des priorités générales ou dégage les éléments essentiels d'un accord qu'il appartient ensuite aux autres institutions de transformer et de mettre en œuvre concrètement en adoptant notamment les actes législatifs appropriés*** conformément aux procédures de décision prévues par les traités. Son rôle est donc fondamental dans le fonctionnement et dans la dynamique des politiques générales de l'Union car c'est lui qui est fréquemment appelé à rendre des arbitrages lorsque le Conseil n'arrive pas à trouver un accord, qui débloque certains dossiers sensibles comme par exemple celui des financements de l'Union, qui est à l'origine de la mise en place de nouvelles politiques et actions de l'Union comme par exemple celle de l'environnement, qui solutionne les problèmes posés par l'adhésion de nouveaux États membres et, surtout, qui gère les dossiers relatifs aux modifications des traités constitutifs.

Enfin, certaines dispositions du Traité sur le fonctionnement de l'UE prévoient expressément l'intervention du Conseil européen. Ainsi, dans le domaine de la politique économique, le Conseil européen, sur la base du rapport du Conseil, débat d'une conclusion sur les grandes orientations des politiques économiques des États membres et de l'Union. De même dans le domaine de l'emploi, le Conseil européen examine, chaque année, la situation de l'emploi dans l'Union et adopte des conclusions à ce sujet, sur la base d'un rapport conjoint du Conseil et de la Commission. Par ailleurs, le Conseil européen définit les orientations stratégiques de la programmation législative et opérationnelle dans l'Espace de liberté, de sécurité et de justice.

■ *Les compétences au titre de l'action extérieure de l'Union*

Dans le ***domaine de l'action extérieure de l'Union***, il appartient au Conseil européen d'identifier les intérêts et objectifs stratégiques de l'Union sur la base des principes et objectifs énumérés à l'article 21 TUE. Les décisions du Conseil européen sur les intérêts et objectifs stratégiques de l'Union portent sur tout domaine relevant de l'action extérieure de l'Union, y compris la PESC. Le Conseil européen statue à l'unanimité sur recommandation du Conseil, adoptée par celui-ci selon les modalités prévues pour chaque domaine. Les décisions du Conseil européen sont mises en œuvre selon les procédures prévues par les traités.

Dans le ***domaine de la politique étrangère et de sécurité commune***, il incombe plus particulièrement au Conseil européen d'identifier les intérêts stratégiques de l'Union, de fixer les objectifs et de définir les orientations générales de la PESC, y compris pour les questions ayant des implications en matière de défense. Le Conseil européen adopte les décisions nécessaires. Si un événement international l'exige, le président du Conseil européen convoque une réunion extraordinaire du Conseil européen afin de définir les lignes stratégiques de la politique de l'Union face à ce développement. Par ailleurs, le Conseil européen est, au même titre que le Conseil, une instance de concertation des États membres sur toute question de politique et de sécurité présentant un intérêt général en vue de définir une approche commune. Avant d'entreprendre toute action sur la scène internationale ou de prendre tout engagement qui pourrait affecter les intérêts de l'Union, chaque État membre consulte les autres au sein du Conseil européen ou du Conseil. La ***politique de sécurité et de défense commune*** fait partie intégrante de la PESC. Cette politique inclut la définition progressive d'une politique de défense commune de l'Union. Elle conduira à une défense commune, dès lors que le Conseil européen, statuant à l'unanimité, en aura décidé ainsi. Cette institution de l'Union recommandera, dans ce cas, aux États membres d'adopter une décision dans ce sens conformément à leurs règles constitutionnelles respectives.

Les compétences institutionnelles

Le Conseil européen dispose d'***attributions institutionnelles***. Certaines découlent du Traité de Lisbonne, d'autres des traités antérieurs. Sans prétendre être exhaustif, il revient ainsi au Conseil européen :

- de constater, à l'unanimité, l'existence d'une violation grave et persistante par un État membre des valeurs sur lesquelles l'Union est fondée, violation susceptible d'entraîner la suspension des droits découlant de l'application des traités à l'État en question (art. 7 § 2, TUE) ;
- d'adopter, à l'unanimité, une décision fixant la composition du Parlement européen (art. 14 § 2, TUE) ;
- d'élire, à la majorité qualifiée, son président pour une durée de deux ans et demi (art. 15 § 5, TUE) ;
- de proposer, en statuant à la majorité qualifiée, au Parlement européen un candidat à la fonction de président de la Commission européenne (art. 17 § 7, TUE) ;
- de nommer, à la majorité qualifiée, la Commission européenne après que le président de cette institution, le haut représentant de l'Union pour les affaires étrangères et la politique de sécurité et les autres membres de la Commission européenne aient été soumis, en tant que collège, à un vote d'approbation du Parlement européen (art. 17 § 7, TUE) ;
- de nommer, à la majorité qualifiée, avec l'accord du président de la Commission européenne, le haut représentant de l'Union pour les affaires étrangères et la politique de sécurité (Le Conseil européen peut mettre fin à son mandat selon la même procédure) (art. 18 § 1er, TUE) ;
- d'adopter, à la majorité simple, une décision favorable à l'examen des modifications proposées de révision des traités sur lesquels l'Union est fondée, base sur laquelle le président du Conseil européen convoque une Convention composée de représentants des parlements nationaux, des chefs d'État ou de gouvernement des États membres, du Parlement européen et de la Commission (art. 48 § 3, TUE) ;
- de décider, à la majorité simple, et après approbation du Parlement européen, de ne pas convoquer de Convention lorsque l'ampleur des modifications des traités proposées ne le justifie pas (art. 48 § 3, TUE) ;

- d'adopter, à l'unanimité, une décision modifiant tout ou partie des dispositions de la troisième partie du traité sur le fonctionnement de l'UE relative aux politiques et actions internes de l'Union (art. 48 § 6, TUE) ;
- d'adopter, à l'unanimité, une décision autorisant le Conseil à statuer à la majorité qualifiée dans un domaine pour lequel le Traité sur le fonctionnement de l'UE ou le titre V du Traité sur l'UE prévoit que le Conseil statue à l'unanimité (art. 48 § 7, TUE) ;
- d'adopter, à l'unanimité, une décision autorisant le Conseil à adopter des actes législatifs selon la procédure législative ordinaire lorsque le Traité sur le fonctionnement de l'UE prévoit que lesdits actes sont adoptés conformément à une procédure législative spéciale (art. 48 § 7, TUE) ;
- d'adopter, à la majorité qualifiée, une décision établissant la liste des formations du Conseil autres que celle des affaires générales et celle des affaires étrangères, conformément à l'article 16 paragraphe 6 TUE (art. 236 point a, TFUE) ;
- d'adopter, à la majorité qualifiée, une décision relative à la présidence des formations du Conseil, à l'exception de celle des affaires étrangères, conformément à l'article 16 paragraphe 9 TUE (art. 236 point b, TFUE) ;
- de nommer, à la majorité qualifiée, le président, le vice-président et les autres membres du directoire de la Banque centrale européenne (art. 283 § 2, TFUE).

Le Conseil

Chapitre 6

Le Conseil est l'institution qui représente les gouvernements des États membres. À ce titre, il constitue une des pièces maîtresses du système institutionnel de l'Union européenne.

Le Conseil, plus communément dénommé le ***Conseil des ministres*** ou ***Conseil de l'Union européenne***, ***représente les gouvernements des États membres*** et incarne de ce fait la ***légitimité interétatique*** de l'Union.

1 Les compositions

Aux termes de l'article 16 paragraphe 2 TUE, le Conseil est ***composé d'un représentant de chaque État membre au niveau ministériel, habilité à engager le gouvernement de cet État membre qu'il représente et à exercer le droit de vote***. La formulation de cette disposition, qui résulte du Traité de Lisbonne, permet aux États membres de faire siéger, outre les ministres compétents des gouvernements des États membres, les représentants d'entités infra-étatiques (*Länder* allemands, régions belges...) lorsque le Conseil examine des questions relevant de leurs compétences.

La composition du Conseil varie en fonction des questions inscrites à son ordre du jour. Toutefois, et afin d'éviter une dispersion de cette institution, le Conseil européen de Séville des 21 et 22 juin 2002 avait déjà limité le nombre des formations du Conseil à neuf. Le Traité de Lisbonne reprend à son compte cette limitation des formations du Conseil en prévoyant que cette institution siège en différentes formations dont la liste est définie par le Conseil européen (art. 16 § 6, TUE). En application de cette disposition, le Conseil européen a donc adopté à la majorité qualifiée une décision établissant la liste des formations du Conseil qui reprend largement la décision provisoire en la matière adoptée dès l'entrée en vigueur du Traité de Lisbonne par le Conseil conformément à l'article 4 du protocole (n° 36) sur les dispositions transitoires annexé aux traités.

Les différentes formations du Conseil
1. Affaires générales (art. 16 § 6 al. 2, TUE)
2. Affaires étrangères (art. 16 § 6 al. 3, TUE)
3. Affaires économiques et financières (y inclus le budget)
4. Justice et affaires intérieures (y inclus la protection civile)
5. Emploi, politique sociale, santé et consommateurs
6. Compétitivité (marché intérieur, industrie, recherche et espace) (y inclus le tourisme)
7. Transports, télécommunications et énergie
8. Agriculture et pêche
9. Environnement
10. Éducation, jeunesse, culture et sport (y inclus l'audiovisuel)

En pratique, cette institution se réunit donc en ***dix formations différentes*** en fonction des sujets qu'elle aborde. Par exemple, la formation « Justice et affaires intérieures » est composée des ministres de la justice ou de l'intérieur, la formation « Environnement » des ministres de l'environnement, la formation « Affaires étrangères » des ministres des affaires étrangères... Le caractère multiforme du Conseil n'altère en rien son unité en tant qu'institution. Il n'existe donc juridiquement qu'un seul Conseil qui dispose, à chaque fois qu'il se réunit, de la plénitude des pouvoirs et des compétences qui lui sont dévolus par les traités quelle que soit sa composition.

Le Traité sur l'UE distingue toutefois le Conseil « Affaires générales » et le Conseil « Affaires étrangères » des autres formations du Conseil, appelés les Conseils spécialisés.

Tout d'abord, le ***Conseil « Affaires générales »*** a pour fonction d'assurer la préparation et le suivi des réunions du Conseil européen en liaison avec les présidents du Conseil européen et la Commission européenne. Cette formation du Conseil assure également, en coopération avec la Commission européenne, la cohérence et la continuité des travaux des différentes formations du Conseil dans le cadre d'une programmation pluriannuelle. Le Conseil « Affaires générales » veille ainsi à l'harmonie des travaux des différentes formations du Conseil lorsqu'il s'agit de dossiers horizontaux susceptibles d'affecter plusieurs politiques de l'Union et donc plusieurs formations du Conseil.

Par ailleurs, le ***Conseil « Affaires étrangères »*** a pour mission, d'une part, d'élaborer l'ensemble de l'action extérieure de l'Union selon les lignes stratégiques fixées par le Conseil européen et, d'autre part, de s'assurer de sa cohérence. Le Conseil « Affaires étrangères » est présidé par le haut représentant de l'Union pour les affaires étrangères et la politique de sécurité. C'est d'ailleurs à ce titre que ce dernier est appelé à participer aux travaux du Conseil européen.

2 Le fonctionnement

Le Conseil arrête, à la majorité simple, son ***règlement intérieur*** en vue d'assurer son fonctionnement et celui de ses services.

■ *Les structures de travail du Conseil*

a) Le haut représentant de l'Union pour les affaires étrangères et la politique de sécurité

Le Traité établissant une Constitution pour l'Europe prévoyait l'instauration d'un ministre des affaires étrangères de l'Union qui résultait de la fusion des fonctions du haut représentant pour la PESC, instauré par le Traité d'Amsterdam, et de celles du commissaire européen en charge des relations extérieures. Le Traité de Lisbonne reprend à son compte cette innovation institutionnelle agréée lors de la CIG 2004. Toutefois, et conformément aux souhaits exprimés par les Britanniques, les Polonais et les Tchèques, le terme de ministre est abandonné dans le Traité de Lisbonne au profit de celui de ***haut représentant de l'Union pour les affaires étrangères et la politique de sécurité***.

Le haut représentant de l'Union pour les affaires étrangères et la politique de sécurité est ***nommé par le Conseil européen***, statuant à la majorité qualifiée, avec l'accord du président de la Commission européenne pour un mandat de ***cinq ans.*** La Britannique ***Catherine Ashton*** a été nommée à cette fonction par le Conseil européen le 1er décembre 2009 pour la période allant de cette date jusqu'au 31 octobre 2014. Le haut représentant de l'Union exerce, dans le domaine des affaires étrangères, les fonctions qui, jusqu'à l'entrée en vigueur du Traité de Lisbonne, étaient exercées par la présidence semestrielle du Conseil, le haut représentant pour la PESC et le membre de la Commission européenne chargé des relations extérieures. Ainsi, cette nouvelle fonction se situe « à cheval » entre la Commission européenne et le Conseil dans la mesure où le Traité sur l'UE lui assigne une ***double fonction*** :

– la ***conduite de la politique étrangère et de sécurité commune de l'Union au sein du Conseil***. Le haut représentant de l'Union contribue par ses propositions à l'élaboration de la

PESC et l'exécute en tant que mandataire du Conseil. Il agit de même pour la politique de sécurité et de défense commune. À ce titre, il ***préside le Conseil « Affaires étrangères »***. Il représente l'Union pour les matières relevant de la PESC, conduit au nom de l'Union le dialogue politique avec les tiers et exprime la position de l'Union dans les organisations internationales et au sein des conférences internationales. Dans l'accomplissement de son mandat, il s'appuie sur un ***service européen pour l'action extérieure*** (SEAE) ainsi que sur les ***délégations de l'Union dans les pays tiers et auprès des organisations internationales*** ;

- ***la coordination de tous les autres aspects des relations extérieures et de l'action extérieure de l'Union au sein de la Commission européenne.*** Le haut représentant de l'Union veille ainsi, en sa qualité de ***vice-président de la Commission européenne***, à la cohérence de l'ensemble de l'action extérieure de l'Union et plus particulièrement à l'adéquation entre les actions menées dans le cadre de la PESC au sein du Conseil et celles menées au titre des autres volets des relations extérieures de l'Union relevant de la compétence de la Commission européenne comme le commerce extérieur, la coopération au développement ou encore l'aide humanitaire. Dans l'exercice de ses responsabilités au sein de la Commission européenne, et pour ses seules responsabilités, le haut représentant de l'Union est soumis aux procédures qui régissent le fonctionnement de cette institution.

b) La présidence du Conseil

Jusqu'à l'entrée en vigueur du Traité de Lisbonne, la présidence du Conseil – quelle qu'en soit la formation – était exercée à tour de rôle par chaque État membre pour une durée de six mois selon un ordre fixé par le Conseil statuant à l'unanimité. Le Traité de Lisbonne n'apporte pas d'évolutions significatives à ce système puisque l'article 16 paragraphe 9 TUE prévoit désormais, qu'à l'exception de la présidence du Conseil « Affaires étrangères » confiée au haut représentant de l'Union pour les affaires étrangères et la politique de sécurité, la présidence des autres formations du Conseil est assurée par les représentants des États membres au Conseil selon un système de rotation égalitaire déterminé par une décision du Conseil européen adoptée à la majorité qualifiée.

En application de cette disposition, le Conseil européen a donc défini le 1er décembre 2009, par voie de décision, les modalités générales d'exercice de la présidence du Conseil. Désormais, la présidence du Conseil, exception faite de la formation « Affaires étrangères », est assurée par des ***groupes prédéterminés de trois États membres pour une période de dix-huit mois***. Ces groupes sont composés par rotation égale des États membres, en tenant compte de leur diversité et des équilibres géographiques au sein de l'Union. Plus particulièrement, ***chaque membre du groupe assure à tour de rôle, pour une période de six mois, la présidence de toutes les formations du Conseil, à l'exception de la formation « Affaires étrangères »***. Les autres membres du groupe assistent la présidence dans toutes ses responsabilités, sur la base d'un programme commun. Les membres du groupe peuvent convenir entre eux d'autres arrangements. Puis, le Conseil a ensuite déterminé, également par voie de décision, les mesures d'application de la décision du Conseil européen établissant les modalités générales d'exercice de la présidence du Conseil et plus particulièrement l'ordre dans lequel les groupes prédéterminés de trois États membres exercent la présidence pour des périodes consécutives de dix-huit mois.

Les présidences du Conseil entre 2008 et 2020			
France Rép. tchèque Suède	juillet-décembre 2008 janvier-juin 2009 juillet-décembre 2009	Italie Lettonie Luxembourg	juillet-décembre 2014 janvier-juin 2015 juillet-décembre 2015
Espagne Belgique Hongrie	janvier-juin 2010 juillet-décembre 2010 janvier-juin 2011	Pays-Bas Slovaquie Malte	janvier-juin 2016 juillet-décembre 2016 janvier-juin 2017
Pologne Danemark Chypre	juillet-décembre 2011 janvier-juin 2012 juillet-décembre 2012	Royaume-Uni Estonie Bulgarie	juillet-décembre 2017 janvier-juin 2018 juillet-décembre 2018
Irlande Lituanie Grèce	janvier-juin 2013 juillet-décembre 2013 janvier-juin 2014	Autriche Roumanie Finlande	janvier-juin 2019 juillet-décembre 2019 janvier-juin 2020

L'ordre dans lequel les États membres seront appelés à exercer la présidence du Conseil à compter du 1er juillet 2020 fera l'objet d'une nouvelle décision de cette institution avant le 1er juillet 2017.

La présidence constitue un rouage primordial du Conseil dans la mesure où, durant le court laps de temps qui lui est imparti, elle exerce la responsabilité politique générale de la gestion des activités de cette institution conformément au programme commun défini par chaque groupe prédéterminé de trois États membres. En pratique, c'est donc le même État membre qui préside non seulement tous les Conseils – exception faite du Conseil « Affaires étrangères » – mais également le comité des représentants permanents des gouvernements des États membres ainsi que plusieurs autres instances préparatoires du Conseil.

Conformément au règlement intérieur du Conseil en vigueur, la présidence a notamment pour fonction de convoquer le Conseil, à son initiative, à celle d'un État membre ou de la Commission européenne, d'établir l'ordre du jour provisoire de chaque session en tenant compte du programme de dix-huit mois du Conseil, de veiller au bon déroulement des débats, de vérifier le *quorum* et de faire procéder au vote, de signer les actes du Conseil et d'en ordonner la publication et la notification.

c) Le secrétariat général

Le Conseil est assisté dans sa tâche par un secrétariat général qui constitue l'administration stable propre à cette institution. Ce secrétariat général est placé sous la responsabilité d'un ***secrétaire général,*** (l'Allemand ***Uwe Corsepius*** jusqu'au 30 juin 2015). Le Conseil décide à la majorité simple de l'organisation du secrétariat général.

d) Le comité des représentants permanents (COREPER)

Le COREPER est ***composé des représentants permanents des États membres auprès de l'Union européenne***. En pratique, et bien qu'il n'existe qu'un COREPER, cet organe se ramifie en deux formations : le COREPER II qui réunit les représentants permanents auprès de l'Union européenne et le COREPER I les représentants permanents adjoints. Les premiers ont rang d'ambassadeurs, les seconds de ministres plénipotentiaires. En règle générale, le COREPER I se charge des dossiers techniques et le COREPER II se consacre aux questions politiques, commerciales, économiques et institutionnelles. La présidence du COREPER est assurée par un représentant de l'État membre qui assure la présidence du Conseil « Affaires générales ».

Conformément à l'article 240 paragraphe 1er TFUE, le COREPER assure ***deux fonctions*** :

- en amont, il est ***responsable de la préparation des travaux du Conseil***. Il assure à ce titre le suivi des travaux préparatoires. En pratique, c'est donc le COREPER qui examine en premier lieu les propositions émises par la Commission européenne et engage, si nécessaire, un dialogue avec elle. D'ailleurs, lorsqu'un accord intervient au sein du COREPER les textes sont inscrits au point *A* de l'ordre du jour du Conseil (vote sans débat) et lorsqu'aucun accord n'est intervenu, pour des raisons techniques ou politiques, les textes sont alors inscrits au point *B* de l'ordre du jour (vote avec débat). Même s'il est indéniable que le COREPER constitue le véritable « creuset » de la décision européenne, il convient toutefois de ne pas surestimer son rôle en la matière en considérant notamment que cet organe se substitue au Conseil. En effet, les membres du COREPER prennent position en fonction des instructions de leurs autorités nationales et tout membre du Conseil ou de la Commission peut demander qu'une question inscrite au point *A* de l'ordre du jour soit basculée dans son point *B* ;
- en aval, il est ***responsable de l'exécution des mandats qui lui sont confiés par le Conseil.*** À ce titre, le COREPER peut être chargé par le Conseil de poursuivre l'examen d'un dossier particulier en tenant compte des orientations qu'il dégage ou de préparer un rapport sur un point spécifique. En tout état de cause, le COREPER ne peut bénéficier d'aucune délégation du

pouvoir décisionnel qui appartient à titre exclusif au Conseil. Le COREPER veille enfin à la cohérence des politiques et actions de l'Union et au respect des règles et principes suivants : les principes de légalité, de subsidiarité, de proportionnalité et de motivation des actes ; les règles fixant les attributions des institutions et organes de l'Union ; les dispositions budgétaires et enfin les règles de procédure, de transparence et de qualité rédactionnelle.

Le COREPER ne dispose d'***aucune compétence propre*** mais il peut désormais adopter des décisions de procédure dans les cas prévus par le règlement intérieur du Conseil.

■ *Les modes de votation au sein du Conseil*

Les délibérations du Conseil sont acquises à la ***majorité simple***, à l'***unanimité*** ou à la ***majorité qualifiée***.

a) Le vote à la majorité simple

Les délibérations du Conseil sont adoptées à la majorité simple lorsqu'elles ont recueilli ***la moitié des voix plus une***. La majorité simple constituait, avant l'entrée en vigueur du Traité Lisbonne, la modalité de vote de droit commun dans le Traité CE. Aujourd'hui, le vote à la majorité simple n'a plus qu'une fonction résiduelle (ex. : Institution d'un comité de l'emploi à caractère consultatif afin de promouvoir la coordination, entre les États membres, des politiques d'emploi et de marché du travail – art. 150, TFUE ; Institution d'un comité de la protection sociale à caractère consultatif afin de promouvoir la coopération en matière de protection sociale entre les États membres et avec la Commission – art. 160, TFUE ; Adoption du règlement intérieur par le Conseil – art. 260 § 3, TFUE ; Détermination des limites et des conditions des pouvoirs d'investigation et de vérification de la Commission – art. 337, TFUE ; Demande du Conseil à la Commission de procéder à toute étude qu'il juge opportune pour les réalisations des objectifs communs et de lui soumettre toute proposition appropriée – art. 241, TFUE).

b) Le vote à l'unanimité

Les délibérations du Conseil sont adoptées à l'unanimité dès lors qu'***aucun État membre ne s'oppose à leur adoption***.

Les abstentions des membres présents ou représentés ne font pas obstacle à l'adoption des délibérations du Conseil qui requièrent l'unanimité (***abstention constructive***). Il y a donc unanimité en l'absence d'un vote négatif puisque chaque membre du Conseil dispose d'un ***droit de veto***. De fait, si un seul État membre, fut-il le plus petit de l'Union européenne, s'oppose à l'adoption de la délibération, les représentants des autres États membres n'ont pas la possibilité de contourner ce veto.

Même si les modifications successives des traités originels ont progressivement réduit le nombre des domaines relevant du vote à l'unanimité, il n'en demeure pas moins que cette modalité de vote demeure requise ***dans les domaines institutionnels qui ont une grande importance pour le développement de l'Union*** (ex. : Les accords d'adhésion de nouveaux États membres – art. 49, TUE ; L'utilisation des pouvoirs subsidiaires, art. 352, TFUE) et, à titre exceptionnel, ***dans certaines politiques et actions de l'Union sensibles*** (ex. : L'adoption des mesures nécessaires en vue de combattre toute discrimination fondée sur le sexe, la race ou l'origine ethnique, la religion ou les convictions, un handicap, l'âge ou l'orientation sexuelle – art. 19 § 1er, TFUE ; L'adoption de nouveaux droits conférés par la citoyenneté européenne – art. 25 al. 2, TFUE ; L'adoption des dispositions touchant à l'harmonisation des législations relatives aux taxes sur le chiffre d'affaires, aux droits d'accises et autres impôts indirects – art. 113, TFUE).

Le Traité de Lisbonne comporte une ***clause passerelle*** susceptible de restreindre dans l'avenir le champ d'application du vote à l'unanimité. En effet, lorsque le Traité sur le fonctionnement de l'UE ou le titre V du Traité sur l'UE relatif à l'action extérieure de l'Union et à la PESC prévoit que le Conseil statue à l'unanimité dans un domaine ou dans un cas déterminé, le Conseil européen pourra adopter une décision autorisant le Conseil à statuer à la majorité qualifiée dans ce domaine ou dans ce cas. Toutefois, une telle clause passerelle ne pourra pas s'appliquer aux décisions ayant des implications militaires ou dans le domaine de la défense.

c) Le vote à la majorité qualifiée

Cette modalité de vote s'était progressivement imposée dans un nombre croissant de domaines au fur et à mesure des révisions du Traité CE au point que le Traité de Lisbonne en fait désormais la ***modalité de vote de droit commun***. De fait, si les dispositions des traités ne mentionnent pas expressément que le Conseil recourt à la majorité simple ou à l'unanimité, c'est alors la majorité qualifiée qui s'applique automatiquement au sein de cette institution. Les modalités du vote à la majorité qualifiée, telles qu'elles résultent du Traité de Lisbonne, conduisent à distinguer deux périodes.

1) Le vote à la majorité qualifiée jusqu'au 31 octobre 2014

Les règles régissant le vote à la majorité qualifiée, telles qu'elles résultent du Traité de Nice et telles qu'elles ont été modifiées en dernier lieu par le Traité d'adhésion de la Croatie à l'Union européenne, continuent à s'appliquer jusqu'au 31 octobre 2014. Ce mode de votation repose sur une ***pondération des voix des États membres*** qui reflète leur poids politique et économique respectif au sein de l'Union européenne. Ainsi, lorsque les délibérations du Conseil requièrent une majorité qualifiée, les voix des membres sont affectées de la pondération suivante : Allemagne (29), France (29), Italie (29), Royaume-Uni (29), Espagne (27),

Pologne (27), Roumanie (14), Pays-Bas (13), Belgique (12), Grèce (12), Hongrie (12), Portugal (12), République Tchèque (12), Autriche (10), Bulgarie (10), Suède (10), Danemark (7), Irlande (7), Finlande (7), Lituanie (7), Slovaquie (7), Croatie (7), Chypre (4), Estonie (4), Lettonie (4), Luxembourg (4), Slovénie (4), Malte (3). La majorité qualifiée requise est de 260 voix positives sur un total de 352 (soit 73,86 % ; soit une minorité de blocage de 93 voix) exprimant le vote favorable de la majorité des membres lorsque le Conseil adopte un acte sur proposition de la Commission européenne et dans les autres cas 260 voix favorables sur un total de 352 sont nécessaires mais doivent être exprimées par au moins deux tiers des États membres. Il existe ainsi un système de double majorité : une majorité calculée en ***nombre de voix*** et une autre en ***nombre d'États*** afin d'éviter l'adoption d'un acte contre l'avis d'une majorité des États membres, voire des deux tiers des États membres selon que le Conseil se prononce ou non sur proposition de la Commission européenne. S'ajoute à ce système, depuis le Traité d'Athènes d'avril 2003, un « ***filet démographique*** ». Il s'agit d'une ***clause de vérification*** optionnelle permettant à un État membre de demander, lors de la prise d'un acte par le Conseil à la majorité qualifiée, que la présidence du Conseil vérifie que les États membres constituant cette majorité qualifiée représentent au moins 62 % de la population totale de l'Union (soit un groupe d'États membres représentant au moins 315 millions de personnes sur un total d'un peu plus de 508). S'il s'avère que cette condition n'est pas remplie, l'acte en cause n'est pas adopté. En d'autres termes, un groupe d'États membres représentant plus de 38 % de la population totale de l'Union a donc la possibilité d'empêcher l'adoption de tout acte du Conseil. Dans les cas où, en application des traités, tous les membres du Conseil ne prennent pas part au vote, à savoir dans les cas où il est fait renvoi à la majorité qualifiée définie conformément à l'article 238 paragraphe 3 TFUE, la majorité qualifiée se définit en tenant compte de la même proportion des voix pondérées, de la même proportion du nombre des membres du Conseil, ainsi que, le cas échéant, du même pourcentage de la population des États membres concernés que ceux fixés dans les cas où tous les membres du Conseil participent au vote.

2) Le vote à la majorité qualifiée à compter du 1er novembre 2014

Conformément aux innovations institutionnelles agréées lors de la CIG 2004, le Traité de Lisbonne simplifie les modalités de calcul de la majorité qualifiée à partir du 1er novembre 2014. ***La majorité qualifiée se définira comme étant égale à au moins 55 % des membres du Conseil, comprenant au moins quinze d'entre eux et représentant des États membres réunissant au moins 65 % de la population de l'Union lorsque le Conseil statuera sur proposition de la Commission européenne ou du haut représentant de l'Union pour les affaires étrangères et la politique de sécurité***. Une minorité de blocage (soit 45 % des membres du Conseil et 35 % de la population de l'Union) devra alors inclure au moins quatre membres du Conseil, faute de quoi la majorité qualifiée sera réputée acquise. Toutefois, ***lorsque le Conseil ne statuera pas sur proposition de la Commission européenne ou du haut représentant de l'Union pour les affaires étrangères et la politique de sécurité, la majorité qualifiée se définira alors comme étant égale à au moins 72 % des membres du Conseil, représentant des États membres réunissant au moins 65 % de la population de l'Union.***

De plus, et dans les cas où, en application des traités, tous les membres du Conseil ne prendront pas part au vote, la majorité qualifiée se définira comme étant égale à au moins 55 % des membres du Conseil représentant les États membres participants, réunissant au moins 65 % de la population de ces États lorsque le Conseil statuera sur proposition de la Commission européenne ou du haut représentant de l'Union pour les affaires étrangères et la politique de sécurité. Dans une telle hypothèse, une minorité de blocage devra alors inclure au moins le nombre minimum de membres du Conseil représentant plus de 35 % de la population des États membres participants, plus un membre, faute de quoi la majorité qualifiée est réputée acquise. Lorsque le Conseil ne statuera pas sur proposition de la Commission européenne ou du haut représentant de l'Union pour les affaires étrangères et la politique de sécurité, la majorité qualifiée se définira alors comme étant égale à au moins 72 % des membres du Conseil représentant les États membres participants, réunissant au moins 65 % de la population de ces États.

Enfin, le ***protocole (n° 36) sur les dispositions transitoires*** prévoit, qu'entre le 1er novembre 2014 et le 31 mars 2017, lorsqu'une délibération devra être prise à la majorité qualifiée, un membre du Conseil pourra demander que le calcul de la majorité qualifiée se fasse en application des règles issues du Traité de Nice.

La ***décision 2009/857/CE du Conseil du 13 décembre 2007*** (*JO n° L314 du 1er décembre 2009*), applicable le jour de l'entrée en vigueur du Traité de Lisbonne, ajoute un mécanisme permettant à un groupe d'États membres qui approcherait la minorité de blocage (soit 45 % des membres du Conseil et 35 % de la population de l'Union) d'obtenir la poursuite des négociations au sein du Conseil lorsque ce dernier doit se prononcer à la majorité qualifiée. Plus particulièrement, cette décision distingue deux périodes : celle s'étendant entre le 1er novembre 2014 et le 31 mars 2017 et celle postérieure au 1er avril 2017.

Entre le 1er novembre 2014 et le 31 mars 2017, si des membres du Conseil, représentant au moins 75 % de la population (c'est-à-dire 75 % de 35 % de la population de l'Union) ou au moins 75 % du nombre des États membres (c'est-à-dire 75 % de 45 % des membres du Conseil), nécessaires pour constituer une minorité de blocage indiquent leur opposition à l'adoption par le Conseil d'un acte à la majorité qualifiée, le Conseil devra faire tout ce qui est en son pouvoir pour aboutir, dans un délai raisonnable et sans porter préjudice aux limites obligatoires de temps fixées par le droit de l'Union, à une solution satisfaisante pour répondre aux préoccupations soulevées par ces membres du Conseil.

À partir du 1er avril 2017, ce mécanisme de consensus continuera à s'appliquer mais les seuils de déclenchement de cette poursuite de négociations sont abaissés puisque les États membres requérants un réexamen d'un acte à la majorité qualifiée devront représenter au moins 55 % de la population (c'est-à-dire 55 % de 35 % de la population de l'Union) ou au moins 55 % du nombre des États membres (c'est-à-dire 55 % de 45 % des membres du Conseil) nécessaires pour constituer une minorité de blocage. Dans une telle hypothèse, le Conseil en délibérera et devra également faire tout ce qui est en son pouvoir pour aboutir, dans un délai raisonnable et sans porter préjudice aux limites obligatoires de temps fixées par le droit de l'Union, à une solution satisfaisante pour répondre aux préoccupations soulevées par ces membres du Conseil.

3 Les attributions

■ *Les compétences générales*

L'article 16 paragraphe 1er TUE stipule que « *le Conseil exerce, conjointement avec le Parlement européen, les fonctions législative et budgétaire. Il exerce des fonctions de définition des politiques et de coordination conformément aux conditions prévues par les traités.* ». Ainsi, le Conseil demeure avec le Traité de Lisbonne une des pièces maîtresses du système institutionnel même s'il partage l'essentiel de ses compétences avec le Parlement européen.

Le Conseil est investi du ***pouvoir législatif***. Cette prérogative est, pour l'essentiel, partagée avec le Parlement européen comme le mentionne d'ailleurs expressément l'article 16 paragraphe 1er TUE. Le Conseil et le Parlement européen œuvrent donc conjointement à la réalisation des objectifs fixés par les traités. Le Parlement européen exerce désormais le rôle de colégislateur de l'Union à part entière avec le Conseil pour tous les actes relevant de la ***procédure législative ordinaire***. Toutefois, ce ***partage du pouvoir législatif n'est pas total*** dans la mesure où certaines dispositions du Traité sur le fonctionnement de l'UE prévoient l'application d'une ***procédure législative spéciale*** qui confère le pouvoir législatif tantôt au Conseil tantôt au Parlement européen. Ainsi, l'article 19 paragraphe 1er TFUE prévoit, par exemple, que le Conseil, statuant à l'unanimité conformément à une procédure législative spéciale, et après approbation du Parlement européen, peut prendre les mesures nécessaires en vue de combattre toute discrimination fondée sur le sexe, la race ou l'origine ethnique, la religion ou les convictions, un handicap, l'âge ou l'orientation sexuelle. De même, l'article 25 alinéa 2 TFUE confère compétence au Conseil, statuant à l'unanimité conformément à une procédure législative spéciale, et après approbation du Parlement européen, pour arrêter des dispositions tendant à compléter les droits conférés par la citoyenneté européenne. Enfin, et toujours à titre d'exemple, l'article 113 TFUE stipule qu'il appartient au Conseil, statuant à l'unanimité conformément à une procédure législative spéciale, et notamment après consultation du Parlement européen, d'arrêter les dispositions touchant à l'harmonisation des législations relatives aux taxes sur le chiffre d'affaires, aux droits d'accises et autres impôts indirects dans la mesure où cette harmonisation est nécessaire pour assurer l'établissement et le fonctionnement du marché intérieur et éviter les distorsions de concurrence.

Le ***pouvoir budgétaire*** appartient conjointement au Conseil et au Parlement européen conformément à l'article 16 paragraphe 1er TUE. Plus particulièrement, l'article 314 TFUE prévoit qu'il revient au Parlement européen et au Conseil, statuant conformément à une procédure législative spéciale, d'établir le budget annuel de l'Union. Lorsque la procédure budgétaire est achevée, le président du Parlement européen constate que le budget est définitivement adopté et ce dernier devient alors exécutoire.

Le Conseil est investi d'un ***pouvoir de coordination des politiques économiques et de l'emploi des États membres***. C'est notamment dans le cadre de la coordination des politiques économiques que le Conseil peut éventuellement prononcer des sanctions à l'encontre des États membres en cas de manquement à la discipline budgétaire.

■ *Les compétences au titre de l'action extérieure de l'Union*

Dans le ***domaine de l'action extérieure***, et notamment dans le domaine des relations extérieures avec les pays tiers ou les organisations internationales, il revient au Conseil d'autoriser l'ouverture des négociations qui sont le plus souvent conduites par la Commission européenne, d'arrêter les directives de négociation, d'autoriser la signature et enfin de procéder à la conclusion des accords.

Dans le ***domaine de la politique étrangère et de sécurité commune***, il incombe au Conseil d'élaborer la PESC et de prendre les décisions nécessaires à la définition et à la mise en œuvre de cette politique sur la base des orientations générales et des lignes stratégiques définies par le Conseil européen. À cette fin, il appartient notamment au Conseil d'adopter les décisions nécessaires lorsqu'une situation internationale exige une action opérationnelle de l'Union, de prendre des décisions définissant la position de l'Union sur une question particulière de nature géographique ou thématique, de nommer, sur proposition du haut représentant de l'Union pour les affaires étrangères et la politique de sécurité, un représentant spécial auquel est conféré un mandat en liaison avec des questions politiques particulières et enfin de conclure des accords avec un ou plusieurs États tiers ou organisations internationales dans les domaines relevant de la PESC. Par ailleurs, le Conseil, au même titre que le haut représentant de l'Union, a également pour mission de veiller à l'unité, à la cohérence et à l'efficacité de l'action de l'Union dans le domaine de la PESC. Outre le fait d'être l'organe de décision de la PESC, le Conseil est également, au même titre que le Conseil européen, une instance de concertation des États membres sur toute question de politique et de sécurité présentant un intérêt général en vue de définir une approche commune. Avant d'entreprendre toute action sur la scène internationale ou de prendre tout engagement qui pourrait affecter les intérêts de l'Union, chaque État membre consulte les autres au sein de ces deux institutions de l'Union. Lorsque le Conseil – ou le Conseil européen – a défini une approche commune de l'Union, le haut représentant de l'Union et les ministres des affaires étrangères des États membres coordonnent leurs activités au sein du Conseil. Enfin, le Conseil dispose d'un pouvoir d'exécution dans le domaine de la PESC. En effet, lorsque des conditions uniformes d'exécution des actes juridiquement contraignants de l'Union sont nécessaires dans le domaine de la PESC, ces actes confèrent alors des compétences d'exécution au Conseil.

■ *Les compétences institutionnelles*

Le Conseil détient un ***pouvoir de nomination*** puisqu'il nomme, soit de sa propre autorité, soit conjointement, les membres de plusieurs institutions et organes de l'Union. C'est le Conseil qui nomme, sur la base des propositions faites par chaque État membre, les ***membres de la Cour des comptes***, les ***membres du Comité économique et social européen*** et les ***membres du Comité des régions***. C'est également lui qui nomme d'un commun accord avec le Parlement européen le ***contrôleur européen de la protection des données*** et émet une recommandation avant la nomination des ***membres du directoire de la Banque centrale européenne*** par le Conseil européen.

La Commission européenne

CHAPITRE
7

La Commission européenne est la garante de l'intérêt général de l'Union. Les prérogatives dont dispose cette institution la placent au cœur même de l'architecture institutionnelle de l'Union européenne et de son processus décisionnel.

La Commission européenne constitue l'institution la plus originale du système institutionnel de l'Union européenne dans la mesure où elle est sans équivalent dans les autres organisations internationales. La Commission européenne ***promeut l'intérêt général de l'Union*** et ***prend les initiatives appropriées à cette fin***.

1 La composition

Les membres de la Commission européenne, dénommés plus couramment les ***commissaires européens***, sont choisis, parmi des personnalités offrant toutes garanties d'indépendance, en raison de leur compétence générale et de leur engagement européen.

Actuellement, la Commission européenne est composée d'un ***ressortissant de chaque État membre***, y compris son président et le haut représentant de l'Union pour les affaires étrangères et la politique de sécurité, qui en est l'un des vice-présidents. Le Traité de Lisbonne prévoit qu'à compter de 2014, la Commission européenne sera alors composée d'un nombre de membres, y compris son président et le haut représentant de l'Union pour les affaires étrangères et la politique de sécurité, correspondant aux ***deux tiers du nombre d'États membres***, à moins que le Conseil européen, statuant à l'unanimité, ne décide de modifier ce nombre. Les membres de la Commission seraient alors choisis parmi les ressortissants des États membres selon un système de rotation strictement égale, reflétant l'éventail démographique et géographique européen de l'ensemble des États membres, défini par le Conseil européen à l'unanimité. Cette disposition du Traité sur l'UE ne sera, au moins temporairement, pas appliquée puisque, et conformément aux préoccupations exprimées par le peuple irlandais à la suite de son refus de ratifier par référendum ce nouveau traité en juin 2008 et aux conclusions du Conseil européen de Bruxelles des 11 et 12 décembre 2008 qui stipulaient, qu'après l'entrée en vigueur du Traité de Lisbonne, « *une décision sera prise, conformément aux procédures juridiques nécessaires, pour que la Commission puisse continuer de comprendre un national de chaque État membre* », les Chefs d'État ou de gouvernement ont décidé, lors du Conseil européen du 22 mai 2013, que la Commission européenne qui prendra ses fonctions en novembre 2014 continuera à comprendre un ressortissant national de chaque État membre (voy., décision 2013/272/UE du Conseil européen du 22 mai 2013 concernant le nombre de membres de la Commission européenne, *JO n° L165 du 17 juin 2013*). Cette décision sera réexaminée par le Conseil européen au vu de ses effets sur le fonctionnement de la Commission à l'occasion de l'adhésion du trentième État membre ou de la nomination de la Commission qui succédera à celle qui sera désignée en novembre 2014.

■ La désignation des membres de la Commission européenne et la cessation de leurs fonctions

Le Traité de Lisbonne apporte des évolutions dans la procédure de nomination des membres de la Commission européenne. Conformément à l'article 17 paragraphe 7 TUE, cette procédure s'opère en ***cinq temps***. Tout d'abord, et en tenant compte des élections au Parlement européen et après avoir procédé aux consultations appropriées, le Conseil européen, statuant à la majorité qualifiée, propose au Parlement européen un candidat à la fonction de président de la Commission européenne. Ce candidat est ensuite élu par le Parlement européen à la majorité des membres qui le composent. Si ce candidat ne recueille pas la majorité, le Conseil européen, statuant à la majorité qualifiée, propose, dans un délai d'un mois, un nouveau candidat, qui est élu par le Parlement européen selon la même procédure. Puis, le Conseil, d'un commun accord avec le président élu, adopte, sur la base des suggestions faites par les États membres, la liste des autres personnalités qu'il propose de nommer membre de la Commission européenne. Ensuite, le président, le haut représentant de l'Union pour les affaires étrangères et la politique de sécurité – nommé parallèlement par le Conseil européen avec l'accord du président de la Commission nouvellement élu par le Parlement européen – et les autres membres de la Commission européenne sont soumis, en tant que collège, à un vote d'approbation du Parlement européen. Enfin, à la suite de cette approbation, la Commission européenne est officiellement nommée par le Conseil européen statuant à la majorité qualifiée. Les membres de la Commission européenne sont nommés pour une durée de ***cinq ans***. Contrairement au Traité CE, les traités ne mentionnent plus désormais que le mandat des commissaires européens est renouvelable.

En dehors des renouvellements réguliers et des décès, les fonctions de membre de la Commission européenne peuvent prendre fin individuellement par démission volontaire ou d'office. À la requête du Conseil ou de la Commission européenne, la Cour de justice peut déclarer démissionnaire tout membre de la Commission européenne qui ne remplit plus les conditions nécessaires à l'exercice de ses fonctions ou en cas de faute grave. L'intéressé est alors remplacé pour la durée du mandat restant à courir.

Le collège des commissaires européens (2010-2014)

M. José Manuel BARROSO (portugais), *Président*

Mme Catherine ASHTON (britannique), *Vice-présidente, Haute représentante de l'Union pour les affaires étrangères et la politique de sécurité*

Me Viviane REDING (luxembourgeoise), *Vice-présidente, Justice, droits fondamentaux et citoyenneté*

M. Joaquín ALMUNIA (espagnol), *Vice-président, Concurrence*

M. Siim KALLAS (estonien), *Vice-président*, *Transports*

Mme Neelie KROES (néerlandaise), *Vice-présidente*, *Stratégie numérique*

M. Antonio TAJANI (italien), *Vice-président*, *Industrie et entrepreneuriat*

M. Maroš ŠEFCOVIC (slovaque), *Vice-président, Relations interinstitutionnelles et administration*

M. Janez POTOCNIK (slovène), *Environnement*

M. Olli REHN (finlandais), *Affaires économiques et monétaires et euro*

M. Andris PIEBALGS (letton), *Développement*

M. Michel BARNIER (français), *Marché intérieur et services*

M. Androulla VASSILIOU (chypriote), *Éducation, culture, multilinguisme et jeunesse*

M. Algirdas ŠEMETA (lituanien), *Fiscalité, douanes, statistiques, audit et lutte antifraude*

M. Karel DE GUCHT (belge), *Commerce*

Mme Máire GEOGHEGAN-QUINN (irlandaise), *Recherche, innovation et science*

M. Janusz LEWANDOWSKI (polonais), *Programmation financière et budget*

Mme Maria DAMANAKI (grecque), *Affaires maritimes et pêche*

Mme Kristalina GEORGIEVA (bulgare), *Coopération internationale, aide humanitaire et réaction aux crises*

M. Günter OETTINGER (allemand), *Énergie*

M. Johannes HAHN (autrichien), *Politique régionale*

Mme Connie HEDEGAARD (danoise), *Action pour le climat*

M. Štefan FÜLE (tchèque), *Élargissement et politique européenne de voisinage*

M. László ANDOR (hongrois), *Emploi, affaires sociales et inclusion*

Mme Cecilia MALMSTRÖM (suédoise), *Affaires intérieures*

M. Dacian CIOLOS (roumain), *Agriculture et développement rural*

M. Tonio BORG (maltais), *Santé*

M. Neven MIMICA (croate), *Politique des consommateurs*

■ *Le statut des membres de la Commission européenne*

Les commissaires européens exercent leurs fonctions en ***pleine indépendance dans l'intérêt général de l'Union***. Ainsi, et lors de leur installation, les commissaires européens prennent l'engagement solennel devant la Cour de justice de respecter les obligations découlant de leur charge pendant la durée de leurs fonctions et après la cessation de celles-ci, notamment les devoirs d'honnêteté et de délicatesse quant à l'acceptation, après cette cessation, de certaines fonctions ou de certains avantages. Par ailleurs, lors de leur entrée en fonction, les commissaires européens sont tenus de faire état dans une déclaration de leurs intérêts financiers, déclaration qui devra être révisée en cours de mandat en cas de modification des données. Cette déclaration comprend des informations outre sur les intérêts financiers et le patrimoine de chaque commissaire mais également sur ses activités extérieures passées et présentes ainsi que sur les activités de son conjoint. De plus, les commissaires européens ne sollicitent ni n'acceptent d'instructions d'aucun gouvernement, institution, organe ou organisme dans l'accomplissement de leurs devoirs, s'abstiennent de tout acte incompatible avec le caractère de leurs fonctions, n'exercent aucune activité professionnelle rémunérée ou non pendant la durée de leurs fonctions. En cas de violation de ces obligations, la Cour de justice, saisie par le Conseil statuant à la majorité simple ou par la Commission, peut, selon les cas, prononcer la démission d'office d'un commissaire européen ou encore la déchéance de son droit à pension ou d'autres avantages en tenant lieu.

2 Le fonctionnement

Gage de son indépendance, la Commission européenne fixe elle-même son ***règlement intérieur*** en vue d'assurer son fonctionnement et celui de ses services.

■ *La présidence de la Commission européenne*

Les Traités de Nice puis de Lisbonne ont successivement renforcé les pouvoirs du président de la Commission européenne qui joue désormais un ***rôle central dans l'organisation interne du collège des commissaires européens***. Le Portugais ***José Manuel Durão Barroso*** assume la fonction de président de la Commission européenne pour un second mandat depuis le 10 février 2010.

La Commission européenne remplit sa mission dans le respect des orientations définies par son président qui décide de son organisation interne afin d'assurer la cohérence, l'efficacité et la collégialité de son action. Les responsabilités incombant à la Commission sont structurées et réparties entre ses membres par le président qui peut les remanier en cours de mandat. Ainsi, les commissaires européens se voient donc attribuer des domaines d'activité particuliers pour lesquels ils sont spécifiquement responsables de la préparation des travaux de la Commission et de l'exécution de ses décisions (ex. : le français Michel Barnier est en charge au sein de l'actuelle Commission européenne du marché intérieur et des services). Cependant, les commissaires européens exercent les fonctions qui leur sont dévolues par le président sous l'autorité de celui-ci. C'est également après approbation du collège que le président nomme des vice-présidents, autre que le haut représentant de l'Union, parmi les membres de la Commission européenne. De plus, il peut exiger qu'un membre de la Commission présente sa démission s'il le lui demande. Il en est de même pour le haut représentant de l'Union. Enfin, le président assure la représentation extérieure de la Commission européenne et désigne les membres de la Commission chargés de l'assister dans cette fonction.

■ *Le principe de collégialité*

La Commission européenne est un ***organe collégial***. « *Le principe de collégialité (...) repose sur l'égalité des membres de la Commission dans la participation à la prise de décision et implique, notamment, d'une part, que les décisions soient délibérées en commun et, d'autre part, que tous les membres du collège soient collectivement responsables, sur le plan politique, de l'ensemble des décisions arrêtées* » (*CJ, 23 septembre 1986, aff. 5/85, AKZO Chemie BV e.a. c. Commission, Rec. 1986, p. 2585*). En d'autres termes, ***tous les actes émanant de la Commission***

européenne sont délibérés et adoptés en commun et tous les membres du collège sont collectivement responsables sur le plan politique de l'ensemble des décisions arrêtées.

La Commission européenne se réunit en formation plénière en principe une fois par semaine à Bruxelles. Pendant les sessions plénières du Parlement européen, la réunion hebdomadaire du collège des commissaires se tient généralement à Strasbourg. La Commission européenne est convoquée en réunion par son président qui en arrête l'ordre du jour. Les délibérations de la Commission sont acquises à la majorité de ses membres (soit quinze voix au moins).

Toutefois, l'étendue des missions confiées à la Commission européenne rend impossible une application stricte du principe de collégialité. En pratique, ce principe a donc fait l'objet d'***aménagements***. Tout d'abord, la Commission peut recourir à la ***procédure écrite*** pour se prononcer sur une proposition émanant d'un ou de plusieurs commissaires. Tous les membres du collège reçoivent communication par écrit du texte de la proposition : si, à l'issue du délai imparti, aucun commissaire n'a formulé de réserves ou proposé d'amendements éventuels, la proposition est réputée adoptée par la Commission européenne. À l'inverse, ou si un commissaire le demande au cours de la procédure écrite, la proposition est débattue par le collège lors de sa réunion hebdomadaire. Par ailleurs, la Commission européenne peut également faire usage de la ***procédure d'habilitation***. Sous réserve que le principe de sa responsabilité collégiale soit pleinement respecté, la Commission européenne peut habiliter un ou plusieurs de ses membres à prendre des mesures de gestion ou d'administration courantes en son nom et dans les limites et conditions qu'elle fixe.

3 Les attributions

Les compétences générales

Le Traité sur l'UE, et plus particulièrement son article 17, confère à la Commission européenne des prérogatives importantes lui permettant d'exercer pleinement sa fonction de garante de l'intérêt général de l'Union.

a) Le pouvoir de proposition

Tout d'abord, l'article 17 paragraphe 1er TUE dispose que « *la Commission promeut l'intérêt général de l'Union et prend les initiatives appropriées à cette fin* ». La Commission européenne dispose du ***pouvoir d'initiative*** tant dans le domaine législatif que budgétaire. La Commission participe ainsi à la formation des actes du Conseil et du Parlement européen. Elle détient même un ***quasi-monopole*** du pouvoir d'initiative comme le rappelle expressément l'article 17 paragraphe 2 TUE : « *un acte législatif de l'Union ne peut être adopté que sur proposition de la Commission, sauf dans les cas où les traités en disposent autrement.* ». Ce n'est en effet qu'à titre exceptionnel que le Conseil peut être amené à statuer sur la base d'une recommandation de la Commission (ex. : En matière de coordination des politiques économiques générales des États membres – art. 121 § 2, TFUE) ou d'une simple consultation de la Commission (ex. : En matière d'adhésion de nouveaux États membres – art. 49 § 1er TUE). C'est également à titre tout à fait exceptionnel que le Parlement européen peut être amené à statuer de sa propre initiative (ex. : Le Parlement, statuant par voie de règlements de sa propre initiative conformément à une procédure législative spéciale, fixe le statut et les conditions générales d'exercice des fonctions de ses membres, après avis de la Commission et avec l'approbation du Conseil – art. 223 § 2, TFUE ; Le Parlement européen, statuant par voie de règlements de sa propre initiative conformément à une procédure législative spéciale, détermine les modalités d'exercice du droit d'enquête après approbation du Conseil et de la Commission – art. 226 al. 3, TFUE). Ainsi, le Conseil, associé le cas échéant au Parlement européen, ne peut statuer tant qu'il n'est pas saisi d'une proposition de la Commission européenne. Par ailleurs, le Conseil ne peut, sauf quelques rares exceptions notamment dans le cadre de la procédure budgétaire, modifier la proposition émise par la Commission européenne qu'en adoptant à l'unanimité les amendements qu'il entend y apporter (art. 293 § 1er, TFUE). Enfin, tant que le Conseil, associé le cas échéant au Parlement européen, n'a pas statué, la Commission européenne peut modifier sa proposition tout au long des procédures conduisant à l'adoption d'un acte de l'Union (art. 293 § 2, TFUE). Ainsi, tant qu'une proposition n'est pas adoptée, la Commission demeure libre de la modifier voire même de la retirer. Ceci dit, ***le pouvoir d'initiative de la Commission européenne n'est pas absolu***. Tout d'abord, les articles 225 et 241 TFUE autorisent respectivement le Parlement européen et le Conseil à demander à la Commission européenne de leur soumettre des propositions. Toutefois, la Commission européenne n'est pas pour autant liée par de telles demandes. Si cette institution décide de s'abstenir de faire une proposition d'acte législatif, elle devra en communiquer les raisons mais l'institution à l'origine de la demande ne pourra pas pour autant se substituer à elle. Par ailleurs, l'article 11 paragraphe 4 TUE, tel qu'il résulte du Traité de Lisbonne, permet également à des citoyens de l'Union, au nombre d'un million au moins, ressortissants d'un nombre significatif d'États membres, de prendre l'initiative d'inviter la Commission européenne, dans le cadre de ses attributions, à soumettre une proposition législative. Toutefois, cette disposition ne confère absolument pas un droit d'initiative direct aux citoyens de l'Union qui leur permettraient de se substituer à la Commission européenne. L'article 11 paragraphe 4 TUE n'institue qu'une simple invitation à agir ne créant pas une obligation juridique pour la Commission de présenter une proposition législative de sorte que, tout comme pour les articles 225 et 241 TFUE, la Commission européenne sera toujours libre juridiquement d'accepter ou de refuser une telle demande. Néanmoins, on conçoit mal, sur le plan politique, comment la Commission européenne pourrait négliger une demande qui lui serait adressée par plusieurs millions de nos concitoyens ?

Enfin, l'article 17 paragraphe 1er TUE prévoit qu'il appartient également à la Commission européenne de prendre les ***initiatives de la programmation annuelle et pluriannuelle de l'Union pour parvenir à des accords interinstitutionnels***.

b) Le pouvoir d'exécution

Le Traité sur le fonctionnement de l'UE confère à la Commission européenne d'importants pouvoirs d'exécution qui lui sont soit délégués soit propres.

1) Des pouvoirs d'exécution délégués

Avant l'entrée en vigueur du Traité de Lisbonne, l'article 221 tiret 4 TCE prévoyait que la Commission européenne exerce « *les compétences que le Conseil lui confère pour l'exécution des règles qu'il établit* ». Cependant, le Conseil avait très peu recouru initialement à cette possibilité de délégation et préférait établir lui-même les détails techniques des actes de droit dérivé qu'il adoptait. C'est pourquoi, l'Acte unique européen de 1986 avait renforcé les prérogatives d'exécution de la Commission européenne en posant le principe selon lequel le Conseil avait l'obligation de lui attribuer les compétences d'exécution des normes qu'il arrêtait sauf dans des cas spécifiques où il pouvait se les réserver. Ainsi, la compétence de principe quant à l'exécution des normes du Conseil appartenait depuis lors à la Commission européenne et la compétence d'exception au Conseil. Conformément à l'article 202 TCE, le Conseil avait soumis à certaines modalités l'exercice des compétences dont il déléguait l'exécution à la Commission. Plus particulièrement, ce dernier avait créé des comités destinés à assister la Commission dans l'exercice des compétences d'exécution que le Conseil lui conférait. Ces comités, désignés par le terme de « comitologie », avaient été instaurés par la décision 1999/468/CE du Conseil du 28 juin 1999 (*JO n° L184 du 17 juillet 1999*). Composés de représentants des États membres et présidés par un représentant de la Commission européenne, ces comités bénéficiaient de prérogatives plus ou moins étendues allant du simple avis consultatif (procédure consultative) à la possibilité de dessaisir la Commission au profit du Conseil (procédure de réglementation). Les procédures ainsi instaurées par cette décision, dite « comitologie », traduisaient la suspicion du Conseil à l'égard de la Commission et sa volonté de conserver un droit de regard sur les actes d'exécution adoptés par la Commission européenne.

Le Traité de Lisbonne modifie substantiellement le cadre des compétences d'exécution conférées à la Commission européenne par le Parlement européen et/ou le Conseil. En effet, ce nouveau traité établit une distinction entre les compétences déléguées à la Commission européenne afin d'adopter des actes non législatifs de portée générale complétant ou modifiant certains éléments non essentiels d'un acte législatif (les ***actes délégués***), d'une part, et, les compétences conférées à la Commission européenne afin d'adopter des actes d'exécution, d'autre part (les ***mesures d'exécution***). Ces compétences sont soumises à des cadres juridiques totalement différents.

L'article 290 TFUE concerne les actes délégués. Cette disposition prévoit qu'un acte législatif peut déléguer à la Commission européenne le pouvoir d'adopter des actes non législatifs de portée générale qui complètent ou modifient certains éléments non essentiels d'un acte législatif. L'acte législatif en question délimite alors explicitement les objectifs, le contenu, la portée et la durée de la délégation de pouvoir. De plus, les éléments essentiels sont réservés à l'acte législatif et ne peuvent faire l'objet d'aucune délégation de pouvoir. Par ailleurs, l'article 290 TFUE offre la ***possibilité au Parlement européen et/ou au Conseil de contrôler les actes délégués de la Commission européenne*** puisque les actes législatifs délégataires fixent systématiquement et explicitement les conditions auxquelles la délégation est soumise : soit, en application de l'article 290 paragraphe 2 point a TFUE, le Parlement européen ou le Conseil peut décider de révoquer la délégation (***droit de révocation***), soit, en application de l'article 290 paragraphe 2 point b TFUE, l'acte délégué ne peut entrer en vigueur que si, dans le délai fixé par l'acte législatif, le Parlement européen ou le Conseil n'exprime pas d'objections (***droit d'objection***). L'adjectif « délégué » ou « déléguée » est systématiquement inséré dans l'intitulé des actes délégués arrêtés par la Commission européenne.

L'article 291 TFUE concerne les mesures d'exécution. Cette disposition pose désormais le principe selon lequel il appartient aux États membres de prendre toutes les mesures de droit interne nécessaires pour assurer la mise en œuvre des actes juridiquement contraignants de l'Union (art. 291 § 1er, TFUE). Toutefois, « *lorsque des conditions uniformes d'exécution des actes juridiquement contraignants de l'Union sont nécessaires, ces actes confèrent des compétences d'exécution à la Commission* » (art. 291 § 2, TFUE). Ainsi, dès lors que des mesures d'exécution doivent être définies à l'échelle de l'Union, seule la Commission européenne est désormais habilitée à agir. Toutefois, il ne s'agit pas pour autant d'une compétence exclusive que la Commission européenne va pouvoir exercer de manière totalement autonome et sans contrôle. Néanmoins, le contrôle de l'exercice des compétences d'exécution par la Commission européenne n'appartient ni au Parlement européen ni au Conseil mais ne peut être exercé que par les États membres (art. 291 § 3, TFUE). Afin d'établir le cadre juridique nécessaire à un tel contrôle, le Conseil et le Parlement européen ont adopté, conformément à l'article 291 paragraphe 3 TFUE, le règlement (UE) n° 182/2011 établissant les règles et principes généraux relatifs aux modalités de contrôle par les États membres de l'exercice des compétences d'exécution par la Commission (*JO n° L55 du 28 février 2011*). Cet acte législatif conserve globalement la structure des comités prévue dans la décision « comitologie » de 1999 tout en la simplifiant. Désormais, deux procédures de premier degré sont prévues : une procédure consultative, qui existait par le passé, et une procédure d'examen, instaurée en remplacement des procédures de gestion et de réglementation prévues par la décision comitologie de 1999. Le règlement (UE) n° 182/2011 institue enfin un comité d'appel que la Commission européenne est en droit de saisir lorsque le comité consulté conformément à l'acte juridique de base émet un avis défavorable. Enfin, le terme « d'exécution » est inséré dans l'intitulé des mesures d'exécution (art. 291 § 4, TFUE) afin de bien dissocier l'acte de base arrêté par le Parlement européen et/ou le Conseil et sa mesure d'exécution adoptée par la Commission européenne.

2) Des pouvoirs d'exécution propres

La Commission européenne détient une ***compétence exclusive d'exécution*** dans certains domaines comme celui de la concurrence. Ce ***pouvoir de décision propre*** lui permet d'adopter des actes législatifs de portée générale ou de portée individuelle. Par ailleurs, l'article 17 paragraphe 1er TUE confère également à la Commission d'importants ***pouvoirs d'exécution matérielle***. À ce titre, elle assure notamment la ***gestion des fonds structurels*** (ex. : le Fonds européen de développement régional, le Fonds social européen) ***et de certains programmes de l'Union*** (ex. : le programme d'échanges universitaires Erasmus), ***l'exécution du budget de l'Union européenne*** sous sa propre responsabilité et dans la limite des crédits alloués par les deux branches de l'autorité budgétaire et enfin la ***gestion des clauses de sauvegarde*** qu'on retrouve notamment dans les Traités d'adhésion et dans les accords commerciaux conclus avec des États tiers.

c) Le pouvoir de contrôle

La Commission européenne est la ***gardienne des traités***. En effet, cette institution est chargée non seulement de veiller « *à l'application des traités ainsi que des mesures adoptées par les institutions en vertu de ceux-ci* » mais également de surveiller « *l'application du droit de l'Union sous le contrôle de la Cour de justice de l'Union européenne* » (art. 17 § 1er, TUE). Ce pouvoir général de contrôle et de surveillance s'exerce à l'égard de l'ensemble des destinataires du droit de l'Union à savoir les États membres, leurs ressortissants et les autres institutions de l'Union. Pour ce faire, la Commission dispose de ***pouvoirs préventifs et de pouvoirs répressifs***.

1) Des pouvoirs préventifs

La Commission européenne dispose tout d'abord d'un ***droit à l'information***. En application de l'article 4 paragraphe 3 TUE, qui pose le principe de coopération loyale des États membres et qui leur impose de prendre toute mesure générale ou particulière propre à assurer l'exécution des obligations découlant des traités ou résultant des actes des institutions de l'Union, les États membres ont l'obligation de communiquer à la Commission européenne toute mesure nationale permettant d'assurer l'exécution du droit de l'Union et de fournir, à cet égard, tous les renseignements utiles. Par ailleurs, cette obligation générale d'information est complétée par le fait que certaines dispositions du Traité sur le fonctionnement de l'UE posent expressément cette obligation d'information de la Commission européenne. Ainsi, l'article 114 paragraphe 4 TFUE oblige les États membres à notifier à la Commission européenne les dispositions nationales qui dérogeraient aux mesures d'harmonisation des législations nationales adoptées par le Parlement européen et le Conseil, par le Conseil ou par la Commission européenne. Les directives émanant des institutions de l'Union imposent également systématiquement aux États membres de communiquer à la Commission européenne les dispositions nationales adoptées pour leur transposition.

Outre ce droit à l'information, la Commission européenne peut également être dotée de ***pouvoirs d'investigation*** importants. L'article 337 TFUE prévoit en effet que cette institution peut, pour accomplir les tâches qui lui sont confiées, recueillir toute information et procéder à toute vérification nécessaire dans les limites et conditions fixées par le Conseil. Ainsi, si le Conseil donne son aval à la Commission européenne, cette dernière dispose d'un ***véritable pouvoir d'enquête***. Plus spécifiquement dans le domaine de la concurrence, la Commission européenne est habilitée à procéder de sa propre autorité à des enquêtes auprès des opérateurs économiques privés afin de veiller au respect des règles de concurrence de l'Union (ententes entre entreprises, abus de position dominante, concentrations entre entreprises). Le règlement (CE) n° 1/2003 du Conseil du 16 décembre 2002 (*JO n° L1 du 4 janvier 2003*) permet notamment à la Commission européenne de recueillir les déclarations de personnes physiques interrogées, d'accéder à tous les locaux, terrains et moyens de transport (y compris le domicile privé des dirigeants en cas de soupçon raisonnable), de contrôler les livres ainsi que tout autre document professionnel ou encore d'apposer des scellés pendant la durée de l'inspection sur tous les locaux commerciaux, livres ou documents.

2) Des pouvoirs répressifs

Si l'action préventive est insuffisante, la Commission européenne dispose alors des moyens de sanction appropriés lui permettant d'assurer le respect de l'ordre juridique de l'Union, que l'infraction émane d'un État membre, d'un particulier ou d'une autre institution de l'Union. Ainsi, lorsqu'un État membre ne s'acquitte pas correctement des obligations que lui impose le droit de l'Union, la Commission européenne peut alors saisir la Cour de justice d'un ***recours en manquement*** (art. 258, TFUE) et en cas d'inexécutions répétées inviter la Cour de justice à lui infliger le paiement d'une somme forfaitaire et/ou d'une astreinte (art. 260, TFUE). De même, sur saisine notamment de la Commission européenne, le ***recours en annulation*** (art. 263, TFUE) et le ***recours en carence*** (art. 265, TFUE) permettent respectivement à la Cour de justice de contrôler la légalité des actes des autres institutions de l'Union et de sanctionner leur carence à l'égard des obligations que leur impose le droit de l'Union. Enfin, dans le domaine de la concurrence, la Commission européenne est habilitée par le règlement (CE) n° 1/2003 du Conseil du 16 décembre

2002 à infliger elle-même ***à des opérateurs économiques des amendes et/ou des astreintes*** en cas de non-respect des règles de concurrence de l'Union. Néanmoins, et en application de l'article 261 TFUE, de telles sanctions financières peuvent être contestées par les opérateurs économiques devant la Cour de justice de l'UE, et plus particulièrement le Tribunal.

■ *Les compétences au titre de l'action extérieure de l'Union*

Dans le ***domaine de la politique étrangère et de sécurité commune***, et comme c'était déjà le cas avant l'entrée en vigueur du Traité de Lisbonne, la Commission européenne n'est pas appelée à jouer les premiers rôles. On peut tout au plus noter, qu'en application de l'article 22 paragraphe 2 TUE, la Commission européenne et le haut représentant de l'Union peuvent présenter des propositions conjointes au Conseil dans le domaine de la PESC. Par ailleurs, l'article 30 paragraphe 1er TUE confère le droit à chaque État membre, au haut représentant de l'Union, ou au haut représentant de l'Union avec le soutien de la Commission européenne de saisir le Conseil de toute question relevant de la PESC et de soumettre, respectivement, des initiatives ou des propositions au Conseil.

Dans les ***autres domaines de l'action extérieure de l'Union***, comme par exemple l'aide humanitaire ou encore la coopération au développement, les attributions de la Commission européenne sont incontestablement plus limitées que dans le domaine des politiques générales de l'Union. Tout d'abord, la Commission européenne partage dans ces différents domaines son pouvoir de proposition avec le haut représentant de l'Union. En effet, l'article 22 paragraphe 1er TUE, prévoit que dans ces domaines de l'action extérieure de l'Union, la Commission européenne et le haut représentant de l'Union peuvent présenter des propositions conjointes au Conseil. Plus particulièrement dans les domaines de la ***politique commerciale commune*** et des ***relations extérieures de l'Union avec les pays tiers ou les organisations internationales***, les articles 207 et 218 TFUE, qui définissent la procédure de négociation et de conclusion des accords internationaux entrant dans le champ des compétences de l'Union, confèrent à la Commission européenne un pouvoir de ***négociation***. Si des accords entre l'Union et un ou plusieurs États ou organisations internationales doivent être négociés et conclus dans ces domaines, la Commission européenne présente alors des recommandations au Conseil, qui l'autorise à ouvrir les négociations nécessaires. Toutefois, le ***pouvoir de négociation*** de la Commission européenne est très encadré : le Conseil peut en effet assortir cette autorisation de ***directives de négociation*** que le Conseil pourra d'ailleurs modifier à tout moment. Il ne s'agit pas d'un mandat impératif et juridiquement contraignant pour la Commission européenne mais si cette institution s'en écarte, elle prend le risque de voir le Conseil refuser de signer l'accord négocié. Le Conseil peut également désigner des ***comités spéciaux*** qui seront chargés d'assister la Commission européenne dans le déroulement des négociations. Lorsqu'il s'agit d'un accord mixte, c'est-à-dire portant sur un domaine qui relève à la fois de la compétence de l'Union et des États membres, les négociations sont alors conduites en étroite coordination entre la Commission européenne et les États membres mais il arrive parfois que ces derniers donnent mandat à la Commission pour négocier en leur nom.

Enfin, l'article 17 paragraphe 1er TUE stipule que la Commission européenne assure la ***représentation extérieure de l'Union*** à l'exception toutefois de la PESC qui relève des prérogatives du haut représentant de l'Union. Pour cela, la Commission européenne peut s'appuyer sur plus de cent-dix délégations dans des pays tiers – placées sous l'autorité du haut représentant de l'Union – (ex. : Afghanistan, Australie, Argentine, Brésil, Canada, Chine, Égypte, États-Unis, Inde, Israël, Japon, Liban, Maroc, Pérou, République centrafricaine, Russie, Sénégal, Serbie, Sierra Leone, Ukraine, Vietnam...) et sur des délégations auprès de certaines organisations internationales (ex. : l'OCDE et l'UNESCO à Paris). L'article 220 TFUE confie par ailleurs à la Commission européenne, ainsi qu'au haut représentant de l'Union, la mission d'établir toute coopération utile avec les organes des Nations unies et leurs institutions spécialisées, le Conseil de l'Europe, l'Organisation pour la sécurité et la coopération en Europe et l'Organisation de coopération et de développement économiques ainsi que d'assurer toute liaison opportune avec d'autres organisations internationales.

Le Parlement européen

CHAPITRE
8

Le Parlement européen, dont les membres sont élus au suffrage universel direct, représente aujourd'hui les citoyens des vingt-huit États membres de l'Union européenne. Au fil du temps, ses prérogatives se sont considérablement renforcées au point d'en faire désormais un acteur majeur et à part entière de l'Union européenne.

Désignée initialement par les traités originels sous le nom d'« Assemblée parlementaire », cette institution s'est autoproclamée Parlement européen en mars 1962. Cette dénomination sera par la suite officialisée par l'Acte unique européen. Le Parlement européen, en charge de ***représenter les citoyens de l'Union***, constitue à ce jour la seule institution internationale dont les membres sont ***élus au suffrage universel direct***. Le Parlement européen incarne la ***légitimité démocratique*** de l'Union européenne.

1 La composition

Le Parlement européen est composé de ***représentants des citoyens de l'Union***.

La désignation des membres du Parlement européen

Les membres du Parlement européen, plus communément dénommés les ***députés européens***, sont ***élus au suffrage universel direct, libre et secret pour un mandat de cinq ans*** depuis l'adoption par le Conseil de la décision du 20 septembre 1976 et de son Acte annexé fixant les modalités de l'élection du Parlement au suffrage universel direct (*JO n° L278 du 8 octobre 1976*). Toutefois, les États membres n'avaient pas été en mesure de s'entendre en 1976 sur une ***procédure électorale uniforme***. L'Acte de 1976 s'était donc limité à poser des règles minimales et les élections du Parlement européen se sont donc déroulées dans un premier temps selon des procédures électorales nationales. Il faudra attendre 2002 pour qu'un cap supplémentaire soit franchi.

En effet, en application de l'article 190 paragraphe 4 TCE, tel qu'introduit par le Traité d'Amsterdam, le Conseil, statuant à l'unanimité après avis conforme du Parlement européen, a adopté une décision en juin et septembre 2002 en vue de permettre l'élection des représentants au Parlement européen au suffrage universel direct conformément à des ***principes communs*** à tous les États membres. Sans pour autant constituer une procédure électorale uniforme puisqu'il s'agit seulement de « principes communs à tous les États membres », cette décision, qui modifie l'Acte de 1976, prévoit, notamment, que les membres du Parlement européen sont élus au scrutin de liste ou de vote unique transférable de type proportionnel, que l'élection se déroule au suffrage universel direct, libre et secret et que les États membres peuvent prévoir la fixation d'un seuil minimal pour l'attribution de sièges qui ne doit pas être fixé au niveau national à plus de 5 % des suffrages exprimées. Cette réforme, approuvée par les États membres conformément à leurs procédures nationales, est applicable depuis les élections du Parlement européen de juin 2004. La définition à terme d'une procédure électorale uniforme est possible puisque l'article 223 paragraphe 1er TFUE prévoit que le Parlement européen pourra élaborer un projet en vue d'établir les dispositions nécessaires pour permettre l'élection de ses membres au suffrage universel direct selon une procédure uniforme dans tous les États membres ou conformément à des principes communs à tous les États membres.

■ *Le nombre des représentants*

L'article 14 paragraphe 2 TUE, tel qu'il résulte du Traité de Lisbonne, fixe le nombre maximal des membres du Parlement européen à ***sept cent cinquante plus le président***. La répartition des sièges entre les États membres est fondée sur la règle de ***proportionnalité dégressive***, règle selon laquelle le nombre de citoyens représentés par chaque député peut être différent selon la population de l'État où il est élu. En bref, plus un État est peuplé plus le nombre d'habitants représentés par député est important. Ainsi, par exemple, un député européen élu en France représente 878 378 citoyens alors que son homologue élu en Belgique n'en représente que 67 225. Cette règle permet aux différents partis politiques des États membres les moins peuplés d'être eux aussi présents au Parlement européen. Par ailleurs, l'article 14 paragraphe 2 TUE prévoit qu'***aucun État membre ne peut élire plus de quatre-vingt-seize députés et moins de six***. En application de l'article 2 du protocole (n° 36) sur les dispositions transitoires annexé aux traités, le Conseil européen devait adopter à l'unanimité, avant les élections européennes de juin 2009, sur initiative du Parlement européen et avec son approbation, une décision fixant la composition du Parlement européen dans le respect de la règle de proportionnalité dégressive et des seuils de représentation des États membres au sein de l'Assemblée parlementaire.

En attendant l'adoption d'une telle décision du Conseil européen, le basculement de sept cent trente-six députés européens (nombre de membres élus à la suite des élections des 4 au 7 juin 2009 en application du Traité de Nice) à sept cent cinquante et un (nombre de députés européens prévus par le Traité de Lisbonne) et la règle de proportionnalité dégressive impliquaient une ***réorganisation des sièges au sein de l'Assemblée parlementaire à compter de l'entrée en vigueur du Traité de Lisbonne***. Plus particulièrement, certains États membres devaient se partager les sièges additionnels et un d'entre eux, la République fédérale d'Allemagne, devait normalement perdre trois de ses sièges. Toutefois, le Conseil européen des 11 et 12 décembre 2008 avait pris la décision d'arrêter des mesures transitoires concernant la composition du Parlement européen au cas où le Traité de Lisbonne entrerait en vigueur postérieurement à l'élection du Parlement européen de juin 2009 afin d'assurer la transition entre les règles prévues par le Traité de Nice et celles découlant de ce nouveau traité. Afin de simplifier la procédure, les Chefs d'État ou de gouvernement avaient convenu, lors du Conseil européen des 18 et 19 juin 2009, que ***douze États membres bénéficieraient des dix-huit sièges supplémentaires*** pendant la législature 2009-2014 (Espagne : 4 ; Autriche : 2 ; France : 2 ; Suède : 2 ; Bulgarie : 1 ; Italie : 1 ; Lettonie : 1 ; Malte : 1 ; Pays-Bas : 1 ; Pologne : 1 ; Royaume-Uni : 1 ; Slovénie : 1) et que la ***République fédérale d'Allemagne ne perdrait pas les trois sièges*** dont elle aurait dû être normalement privée en application de l'article 14 paragraphe 2 du Traité sur l'UE. Ce correctif était valable uniquement pour la législature 2009-2014. Néanmoins, étant donné que cette augmentation temporaire du nombre des députés de sept cent cinquante et un à sept cent cinquante-quatre (736 + 18) contrevenait aux dispositions des traités, une modification du Traité de Lisbonne était dès lors nécessaire. Le gouvernement espagnol avait donc proposé une modification au protocole (n° 36) sur les dispositions transitoires au Conseil au début du mois de décembre 2009. Cette proposition dressait la liste des États membres dotés de sièges supplémentaires – reprenant purement et simplement les conclusions du Conseil européen de juin 2009 – et établissait un projet de calendrier : les modifications devaient entrer en vigueur le 1er décembre 2010 pour autant qu'elles aient été ratifiées à cette date par tous les États membres. Le Conseil européen des 10 et 11 décembre 2009 avait décidé d'examiner la proposition espagnole et, conformément à l'article 48 paragraphe 3 du Traité sur l'UE, après approbation du Parlement européen, de ne pas convoquer de Convention dans la mesure où l'ampleur des modifications ne le justifiait pas. Le Conseil européen du 17 juin 2010 prend la décision d'organiser une Conférence des représentants des gouvernements des États membres en vue de modifier l'article 2 du protocole (n° 36) sur les dispositions transitoires. Cette brève CIG avait été abordée lors de la réunion des représentants permanents des États membres auprès de l'UE (COREPER II) du 23 juin 2010. Le protocole modifiant le protocole (n° 36) sur les dispositions transitoires avait été ensuite soumis à la ratification des États membres pour une entrée en vigueur le 1er décembre 2010. Les douze États membres concernés par la nouvelle composition du Parlement européen ont ensuite désigné les nouveaux députés conformément à leur législation et pour autant que ces personnes aient été élues au suffrage universel. Après bien des péripéties, tous les pays qui bénéficiaient d'un accroissement du nombre de leurs représentants au Parlement européen les avaient désignés et ces nouveaux députés avaient donc pu siéger pour la première fois en décembre 2011. Par ailleurs, par dérogation à l'article 2 du protocole (n° 36) sur les dispositions transitoires annexé aux traités et à l'article 14 paragraphe 2 TUE, le Parlement européen est accru de douze membres croates pour la période allant de la date d'adhésion de la Croatie à la fin de la législature 2009-2014 du Parlement européen.

Ainsi, jusqu'au terme de la septième législature (juin 2014), le Parlement européen comptera, à titre transitoire et dérogatoire, ***sept cent soixante-cinq députés et son président*** – en place et lieu des sept cent cinquante et du président prévus par le Traité de Lisbonne – se répartissant ainsi : Allemagne (99), France (74), Italie (73), Royaume-Uni (73), Espagne (54), Pologne (51), Roumanie (33), Pays-Bas (26), Belgique (22), République tchèque (22), Grèce (22), Hongrie (22), Portugal (22), Suède (20), Autriche (19), Bulgarie (18), Danemark (13), Slovaquie (13), Finlande (13), Croatie (12), Irlande (12), Lituanie (12), Lettonie (9), Slovénie (8), Estonie (6), Chypre (6), Luxembourg (6), Malte (6). À compter de la prochaine législature 2014-2019, le nombre des membres du Parlement européen sera ramené à sept cent cinquante et un conformément à l'article 14 paragraphe 2 du Traité sur l'UE. À ce titre, et dans la perspective des élections européennes de juin 2014, le Conseil européen a adopté, conformément à l'article 2 du protocole (n° 36) sur les dispositions transitoires annexé aux traités, une décision en juin 2013 fixant la composition du Parlement européen (*JO n° L181 du 29 juin* 2013). Pour la législature 2014-2019, le nombre des représentants au Parlement européen élus dans chaque État membre est fixé comme suit : Allemagne (96), France (74), Italie (73), Royaume-Uni (73), Espagne (54), Pologne (51), Roumanie (32), Pays-Bas (26), Belgique (21), République tchèque (21), Grèce (21), Hongrie (21), Portugal (21), Suède (20), Autriche (18), Bulgarie (17), Danemark (13), Slovaquie (13), Finlande (13), Croatie (11), Irlande (11), Lituanie (11), Lettonie (8), Slovénie (8), Estonie (6), Chypre (6), Luxembourg (6), Malte (6).

■ *Le statut des membres du Parlement européen*

Le statut applicable aux parlementaires européens est essentiellement régi par le droit de l'Union, et plus particulièrement par l'Acte de 1976 et par le ***statut des députés européens*** adopté par le Parlement européen en septembre 2005 par voie de décision (*JO n° L262 du 7 octobre 2005* ;

JO n° C49 du 16 février 2011). Ce statut est entré en vigueur le 14 juillet 2009, soit le premier jour de la législature 2009-2014 du Parlement européen. Le statut des membres du Parlement européen garantit l'***indépendance des députés européens***.

La qualité de membre du Parlement européen est incompatible avec celle de membre du gouvernement d'un État membre, celle de membre d'une institution ou d'un organe de l'Union et, depuis les élections de juin 2004, celle de membre d'un parlement national. Pour le reste, il appartient aux États membres de fixer les éventuelles incompatibilités entre le mandat parlementaire européen et des mandats ou activités nationales. Les députés européens votent individuellement et personnellement. À ce titre, tout accord relatif à une démission du mandat avant l'expiration ou à la fin d'une législature est nul est non avenu. Ils ne peuvent être liés par des instructions ni recevoir de mandat impératif. Les députés européens bénéficient d'une indemnité parlementaire appropriée qui assure leur indépendance, indemnité qui est désormais imputée sur le budget de l'Union. Cette indemnité est fixée à 38,5 % du traitement de base d'un juge à la Cour de justice. Elle est normalement soumise à l'impôt au profit de l'Union dans les mêmes conditions que celles qui s'appliquent aux fonctionnaires et aux autres agents de l'UE mais les États membres ont la faculté de l'imposer sous réserve d'éviter toute double imposition. Enfin, les députés européens bénéficient des privilèges et immunités qui leur sont applicables en vertu du protocole (n° 7) sur les privilèges et immunités de l'Union européenne (ex. : libre déplacement des députés européens se rendant au lieu de réunion du Parlement ou en revenant, protection des députés européens contre des poursuites en raison des opinions ou votes émis par eux dans l'exercice de leurs fonctions...), ces dernières pouvant toutefois être levées à la demande des autorités compétentes des États membres.

2 Le fonctionnement

Le Parlement européen est maître de son organisation interne dans la mesure où il arrête librement son ***règlement intérieur*** à la majorité des membres qui le composent.

■ *Les organes de direction du Parlement européen*

Le Parlement européen élit parmi ses membres son ***président*** pour deux ans et demi, soit une demi-législature. L'Allemand ***Martin Schulz*** est le président en exercice du Parlement européen depuis janvier 2012. Le président dirige l'ensemble des travaux.du Parlement et de ses organes (Bureau et Conférence des présidents). Il est assisté par ***quatorze vice-présidents*** également élus par le Parlement pour un mandat de deux ans et demi à la suite de son élection. Il préside les débats menés en séance plénière (douze périodes de sessions plénières se tiennent à

Strasbourg et six additionnelles se déroulent à Bruxelles). À ce titre, le président dispose de tous les pouvoirs pour présider aux délibérations du Parlement et pour en assurer le bon déroulement. Le président ne peut prendre la parole dans un débat que pour présenter l'état de la question et y ramener le Parlement. S'il entend participer au débat, il doit alors quitter son fauteuil et ne peut le reprendre qu'au terme de la discussion. Le président peut être invité à être entendu par le Conseil européen. Il constate que le budget est définitivement adopté lorsque la procédure budgétaire est achevée et signe, avec le président du Conseil, tous les actes législatifs adoptés conformément à la procédure législative ordinaire. Enfin, il représente le Parlement dans les relations internationales, les cérémonies, les actes administratifs, judiciaires ou financiers.

La ***Conférence des présidents*** réunit autour du président du Parlement les présidents des groupes politiques. Elle est notamment compétente pour statuer sur l'organisation des travaux du Parlement et sur les questions relatives à la programmation législative et pour établir le projet d'ordre du jour des périodes de session du Parlement. La Conférence des présidents est également l'organe compétent au sein du Parlement pour tout ce qui concerne les relations avec les autres institutions, organes ou organismes de l'Union, les pays tiers et les autres organisations internationales.

Le Parlement élit parmi ses membres son ***Bureau*** pour un mandat de deux ans et demi. Ce dernier est composé du président du Parlement, des quatorze vice-présidents et des cinq questeurs. Le Bureau a notamment pour fonction de régler les questions financières, d'organisation et d'administration concernant les députés et celles concernant l'organisation interne du Parlement, son secrétariat et ses organes. Il règle par ailleurs les questions relatives à la conduite des séances. Le Parlement procède à l'élection de cinq ***questeurs*** juste après l'élection des vice-présidents. Les questeurs, qui détiennent une voix consultative au sein du Bureau, sont responsables, en fonction des directives du Bureau, des affaires administratives et financières concernant directement les députés. Ils veillent ainsi à ce que les députés disposent de l'infrastructure nécessaire à l'exécution de leurs mandats.

■ *Les commissions parlementaires*

Le Parlement européen compte actuellement vingt ***commissions permanentes***. Elles comptent entre vingt-quatre à soixante-seize députés. Chaque commission est dotée d'un président, d'un bureau et d'un secrétariat. Leur composition politique reflète autant que possible celle de l'hémicycle. Ces commissions parlementaires se réunissent une à deux fois par mois à Bruxelles et leurs débats sont publics. Elles sont chargées de préparer les travaux des sessions plénières du Parlement. En commission parlementaire, les députés élaborent, amendent et adoptent des rapports notamment sur les propositions législatives émises par la Commission européenne ainsi que des rapports d'initiative.

Enfin, le Parlement européen peut, à tout moment, constituer des ***commissions spéciales*** pour suivre un problème spécifique ou un point particulier de l'actualité européenne ou internationale (ex. : mise en place d'une Commission spéciale sur la criminalité organisée, la corruption et le blanchiment de capitaux en avril 2012) ou encore des ***commissions temporaires d'enquête*** dans le cadre de ses compétences de contrôle.

■ *Les groupes politiques*

Dès la constitution de l'assemblée de la CECA, les députés européens se sont regroupés dans l'hémicycle non pas par nationalité mais par ***affinités politiques***. Selon les termes mêmes de l'article 10 paragraphe 4 TUE, « *les partis politiques au niveau européen contribuent à la formation de la conscience politique européenne et à l'expression de la volonté des citoyens de l'Union* ». Tout groupe politique doit être composé d'un minimum de vingt-cinq députés élus dans au moins un quart des États membres. Chaque groupe politique a la maîtrise de son organisation interne et se dote d'un président (ou de deux co-présidents pour certains groupes politiques), d'un bureau et d'un secrétariat. Un député ne peut appartenir qu'à un seul groupe politique. Certains députés européens n'appartiennent à aucun groupe politique et dans cette hypothèse ils font partie des non-inscrits. Dans l'hémicycle, les places attribuées aux députés sont déterminées en fonction de leur appartenance politique, de gauche à droite, après accord des présidents de groupe.

Actuellement, le Parlement européen compte ***sept groupes politiques*** ainsi que des ***députés non-inscrits***.

Groupes politiques **7e Législature (2009-2014)**	**Nombre de sièges**
Groupe du Parti populaire européen (Démocrates-chrétiens) (PPE)	269
Groupe de l'Alliance progressiste des Socialistes et Démocrates (S&D)	190
Groupe Alliance des Démocrates et des Libéraux pour l'Europe (ADLE)	85
Groupe des Verts/Alliance libre européenne (Verts/ALE)	58
Groupe des Conservateurs et Réformistes européens (ECR)	55
Groupe Europe libertés et démocratie (EFD)	35

Groupe confédéral de la Gauche unitaire européenne/Gauche verte nordique (GUE/NGL)	34
Non-inscrits	28
TOTAL	**754**

N.B. : La présente répartition ne tient pas compte des douze députés croates élus le 14 avril 2013 (taux de participation : 20,79 % ; résultats : le Parti HDZ de centre-droit dans l'opposition remporte six sièges – 32,86 % des voix –, le Parti social-démocrate (SDP) au pouvoir cinq sièges – 32,07 % des voix – et le Parti du travail un siège – 5,77 % des voix) qui ont rejoint l'hémicycle à compter du 1er juillet 2013 en place et lieu des observateurs qui siégeaient au Parlement européen depuis mars 2011.

Source : *http://www.europarl.europa.eu/meps/fr/search.html*

Le Conseil et le Parlement européen ont adopté en novembre 2003 un règlement portant ***statut des partis politiques au niveau européen*** (*JO n° L297 du 15 novembre 2003*). Cet acte de droit dérivé établit un certain nombre de règles de base, sous forme de statut, pour les partis politiques au niveau européen, notamment concernant les conditions pour constituer de tels partis et pour qu'ils bénéficient d'un financement de l'Union.

3 Les attributions

Les compétences générales

a) Le pouvoir budgétaire

Le Parlement européen et le Conseil, statuant conformément à une procédure législative spéciale, établissent le ***budget annuel de l'Union*** (art. 314 § 1er, TFUE). Le Parlement européen constitue donc avec le Conseil l'une des deux branches de l'autorité budgétaire. Il ne s'agit pas pour autant d'une situation nouvelle puisque ces deux institutions sont codétentrices du pouvoir budgétaire depuis les Traités de Luxembourg du 22 avril 1970 et de Bruxelles du 22 juillet 1975.

Avant l'entrée en vigueur du Traité de Lisbonne, la procédure budgétaire s'articulait autour de la ***distinction entre les dépenses obligatoires et les dépenses non-obligatoires***. Le Parlement européen disposait d'un droit d'amendement à la majorité de ses membres pour les dépenses non-obligatoires (DNO) et du droit de proposer des modifications au Conseil à la majorité absolue des suffrages exprimés pour les dépenses obligatoires (DO).

Le Traité de Lisbonne procède à une réécriture intégrale de la procédure budgétaire. Outre le fait que le projet de budget est désormais établi par la Commission européenne et non par le Conseil, le Parlement européen, statuant à la majorité de ses membres, dispose désormais d'un ***pouvoir général d'amendement sur l'ensemble du projet de budget***, entraînant du même coup la ***disparition de la distinction entre les DO et les DNO***.

Chaque institution, à l'exception de la Banque centrale européenne, dresse, avant le 1er juillet, un état prévisionnel de ses dépenses pour l'exercice budgétaire suivant. Sur la base de ces états prévisionnels, la Commission européenne élabore un projet de budget pouvant comporter des prévisions divergentes. Cette proposition de budget comprend une prévision des recettes et une prévision des dépenses. La Commission européenne présente sa proposition de projet de budget au Parlement européen et au Conseil au plus tard le 1er septembre de l'année qui précède celle de l'exécution du budget. La Commission est libre de modifier son projet de budget tout au long de la procédure budgétaire et ce, tant que le comité de conciliation prévu dans le cadre de cette procédure n'est pas convoqué. Le Conseil adopte alors sa position sur le projet de budget et la transmet au Parlement européen au plus tard le 1er octobre de l'année qui précède celle de l'exécution du budget. Il informe pleinement le Parlement européen des raisons qui l'ont conduit à adopter sa position. Le Parlement européen procède ensuite à sa première lecture du projet de budget. Il dispose pour ce faire d'un délai de quarante-deux jours après la transmission du projet de budget par le Conseil. Trois hypothèses peuvent alors se présenter (art. 314, TFUE) :

- ***1re hypothèse*** : le Parlement européen approuve la position du Conseil et le budget est adopté ;
- ***2e hypothèse*** : le Parlement européen ne statue pas et le budget est également réputé adopté ;
- ***3e hypothèse*** : le Parlement européen adopte, à la majorité des membres qui le composent, des amendements. Le projet ainsi amendé est transmis au Conseil et à la Commission européenne.

Ainsi, dès lors qu'il y a divergence entre les deux branches de l'autorité budgétaire à l'issue de la lecture du projet de budget par chacune d'entre elles, le président du Parlement européen, en accord avec son homologue du Conseil, convoque sans délai un ***comité de conciliation*** composé de membres du Conseil et d'autant de membres du Parlement européen. Ce comité de conciliation a pour mission d'aboutir, sur la base des positions du Parlement européen et du Conseil, à un accord sur un projet commun de budget à la majorité qualifiée des membres du Conseil et à la majorité des membres du Parlement européen, dans un délai de vingt et un jours à compter de sa convocation. S'il n'y parvient pas, la Commission européenne doit alors présenter un nouveau projet de budget. S'il parvient à ses fins, le Conseil et le Parlement européen en sont alors saisis. Quatre hypothèses sont alors envisagées par l'article 314 TFUE :

– *1re **hypothèse*** : Si le Parlement européen et le Conseil approuvent tous deux le projet commun ou ne parviennent pas à statuer, ou si l'une de ces institutions approuve le projet commun tandis que l'autre ne parvient pas à statuer, le budget est réputé définitivement adopté conformément au projet commun, ou ;
– *2e **hypothèse*** : Si le Parlement européen, statuant à la majorité des membres qui le composent, et le Conseil rejettent tous deux le projet commun, ou si l'une de ces institutions rejette le projet commun tandis que l'autre ne parvient pas à statuer, un nouveau projet de budget est présenté par la Commission, ou ;
– *3e **hypothèse*** : Si le Parlement européen, statuant à la majorité des membres qui le composent, rejette le projet commun tandis que le Conseil l'approuve, un nouveau projet de budget est présenté par la Commission, ou ;
– *4e **hypothèse*** : Si le Conseil rejette le projet commun tandis que le Parlement européen l'approuve, le projet de budget est alors réputé adopté sur la base du texte du comité de conciliation sous réserve de la possibilité pour le Parlement européen de confirmer, à la majorité des membres qui le composent et des trois cinquièmes des suffrages exprimés, tout ou partie des amendements qu'il avait adoptés avant la convocation du comité de conciliation.

À l'issue de la procédure, il appartient comme auparavant au président du Parlement européen de constater que le budget est définitivement adopté et ce dernier devient alors exécutoire par la Commission. Si, au début d'un exercice budgétaire, le budget n'a pas encore été définitivement adopté, le ***régime des douzièmes provisoires*** prévu par l'article 315 TFUE est alors mis en œuvre.

b) Les pouvoirs de contrôle et de sanction politique

Le Parlement européen dispose d'un ensemble de mécanismes et de techniques qui vont lui permettre de surveiller principalement l'action de la Commission européenne et du Conseil. Ces instruments de contrôle politique se complètent, s'agissant de la Commission européenne, d'instruments de sanction politique.

1) Les instruments de contrôle politique

Les instruments de contrôle politique dont dispose le Parlement européen sur la Commission européenne et le Conseil sont, pour certains, prévus par les traités et d'autres, issus de la pratique.

Le Parlement européen contrôle régulièrement l'action de la Commission par le biais des ***questions écrites ou orales*** (art. 230, TFUE). Ces questions parlementaires peuvent porter sur tous les sujets intéressant l'Union. Les questions écrites, qui peuvent être posées par tout député à la Commission, sont publiées au *Journal officiel de l'Union européenne* accompagnées de leurs réponses. Les questions orales, qui peuvent être posées par une commission parlementaire, un groupe politique ou encore un minimum de quarante députés à la Commission, peuvent être suivies d'un débat dans l'hémicycle et donner lieu, le cas échéant, au vote d'une résolution. Depuis 1973, le Parlement européen a institué une heure (qui en pratique s'avère être 90 minutes) aux questions lors de chaque période de session. Ce mécanisme, tiré de la pratique britannique et couramment dénommé ***l'heure des questions***, permet aux députés européens qui le souhaitent de poser une question orale brève à la Commission ou à la présidence du Conseil, liée en principe à l'actualité, qui donne lieu à une réponse rapide de l'institution interrogée. Chaque parlementaire ne peut poser qu'une seule question au cours d'une période de session. Le Parlement européen peut également ***entendre le Conseil européen et le Conseil*** dans les conditions prévues par leur règlement intérieur respectif.

L'hémicycle est fréquemment le lieu de ***débats*** entre les députés européens sur les activités de l'Union qui peuvent éventuellement se conclure par l'adoption de résolutions. Ainsi, le Parlement européen procède tous les ans, en séance publique, à la discussion du rapport général sur l'activité de l'Union européenne qui lui est soumis par la Commission européenne en application de l'article 233 TFUE. Par ailleurs, le Traité sur le fonctionnement de l'UE prévoit que la Commission européenne, le Conseil mais aussi d'autres institutions, organes ou organismes de l'Union ont l'obligation de présenter des rapports et des informations régulières au Parlement européen donnant lieu à des débats au sein du Parlement. À titre d'exemple, on peut citer le rapport que la Commission doit transmettre tous les trois ans entre autre au Parlement sur l'application des dispositions sur la citoyenneté de l'Union (art. 25 al. 1er, TFUE) et le rapport que la Commission établit chaque année sur l'évolution de la réalisation des objectifs de la politique sociale qu'elle transmet notamment au Parlement européen (art. 159, TFUE). Sous réserve qu'aucune juridiction ne soit saisie des faits, le Parlement européen a la faculté de composer des ***commissions temporaires d'enquête*** (art. 226, TFUE). Constituées à la demande d'un quart des députés, de telles commissions sont chargées d'examiner les allégations d'infraction ou de mauvaise administration dans l'application du droit de l'Union qui seraient le fait soit d'une institution, d'un organe ou d'un organisme de l'Union, soit d'une administration publique d'un État membre, soit encore de personnes mandatées pour appliquer le droit de l'Union. La Commission d'enquête conclut ses travaux par le dépôt d'un rapport au Parlement dans un délai fixé en principe à douze mois et au maximum à dix-huit mois. À titre d'exemple, le Parlement avait constitué une commission d'enquête en septembre 1996 sur l'encéphalopathie spongiforme bovine (couramment dénommée « maladie de la vache folle »). Enfin, le Parlement européen examine les ***pétitions*** que tout citoyen de l'Union ou toute personne physique ou morale résidant ou ayant son siège statutaire dans un État membre peut lui présenter, soit à titre individuel soit en association avec d'autres citoyens ou personnes, pour autant que le sujet le ou la concerne directement et relève des domaines d'activité de l'Union (art. 24 et 227, TFUE).

2) Les instruments de sanction politique

Le Parlement européen peut contraindre la Commission européenne à la démission collective en votant une ***motion de censure*** à son encontre (art. 234, TFUE). L'utilisation d'un tel instrument est soumise au respect de certaines conditions. Tout d'abord, elle doit être déposée par un dixième des membres du Parlement au minimum auprès de la présidence de cette institution. Le débat sur la censure a lieu vingt-quatre heures au moins après l'annonce aux députés du dépôt d'une motion de censure et le vote sur la motion de censure a lieu par appel nominal, quarante-huit heures au moins après l'ouverture du débat. La motion ne peut porter que sur « la gestion de la Commission ». La motion de censure est adoptée à la majorité des deux tiers des suffrages exprimés et à la majorité des membres qui composent le Parlement. Notification du résultat du vote est faite au président du Conseil et au président de la Commission. Si la motion est votée, les membres de la Commission doivent démissionner collectivement de leurs fonctions et le haut représentant de l'Union doit démissionner des fonctions qu'il exerce au sein de la Commission. Toutefois, ils restent en fonction et continuent à expédier les affaires courantes jusqu'à leur remplacement par un nouveau collège.

Par ailleurs, le pouvoir accordé au Parlement européen de donner ***décharge*** à la Commission sur l'exécution du budget (art. 319 § 1er, TFUE) lui fournit incontestablement un instrument de désaveu politique à l'encontre de la Commission. En effet, cette prérogative propre au Parlement européen lui permet d'exprimer annuellement sa confiance à l'égard de la Commission (en lui donnant décharge) ou encore sa défiance à l'encontre de cette même institution (en lui refusant cette décharge). En effet, le Parlement s'est arrogé le droit non seulement de voter la décharge mais également celui de voter son ajournement ou encore son refus alors que ni le Traité sur le fonctionnement de l'UE ni même l'actuel règlement financier ne laissent entrevoir de telles possibilités. Cependant, il convient de ne pas faire d'amalgame entre un vote de refus d'accorder décharge de l'exécution du budget et une motion de censure car il n'y a aucune obligation juridique pour la Commission de démissionner dans l'hypothèse d'un refus de décharge. Il appartient à la Commission de tirer elle-même les conséquences qui s'imposent de ce qui peut lui apparaître comme la désapprobation politique de sa gestion des finances publiques de l'Union.

c) Le pouvoir législatif

Depuis la création des Communautés européennes et surtout son élection au suffrage universel direct, l'Assemblée parlementaire n'a eu de cesse de revendiquer une participation accrue au processus de formation du droit dérivé, monopole originel du Conseil. Alors qu'il n'était à ses débuts qu'un ***simple organe consultatif*** formulant, dans le cadre de la ***procédure consultative***, des avis que le Conseil n'avait pas l'obligation de suivre, l'Acte unique européen de 1986 apporte une première réponse en instaurant la ***procédure d'avis conforme*** (dénommée la procédure d'approbation depuis l'entrée en vigueur du Traité de Lisbonne) et la ***procédure de coopération*** (cette dernière procédure a été supprimée par le Traité de Lisbonne). Toutefois, la véritable évolution (on pourrait même parler de révolution) découle du traité de Maastricht de 1992 qui institue la ***procédure de codécision***, procédure qui partage de façon sensiblement égalitaire le pouvoir de décision entre le Parlement européen et le Conseil. Cette procédure, qui fait du Parlement européen un véritable colégislateur à part entière au même titre que le Conseil, n'a eu de cesse de s'imposer par la suite dans les Traités d'Amsterdam et de Nice au point qu'elle est progressivement devenue la procédure principale dans le système de l'UE. Le Traité de Lisbonne ne fait que confirmer et accentuer l'importance de la procédure de codécision, dénommée maintenant la ***procédure législative ordinaire***, par opposition aux ***procédures législatives spéciales*** conférant le pouvoir de décision tantôt au Conseil avec la consultation ou l'approbation du Parlement européen, tantôt, et c'est ce qui est une nouveauté, au Parlement européen avec l'approbation du Conseil et l'avis ou l'approbation de la Commission européenne.

1) Le Parlement européen dans les procédures législatives spéciales

• LA CONSULTATION DU PARLEMENT EUROPÉEN

La procédure consultative était à l'origine l'unique procédure associant l'Assemblée parlementaire au processus normatif à côté de la Commission européenne et du Conseil. Les traités constitutifs avaient donc réduit le Parlement européen à un simple organe consultatif chargé de formuler des avis au Conseil sur les projets d'actes de droit dérivé proposés par la Commission européenne. Cette procédure demeure encore aujourd'hui requise dans un certain nombre de domaines relevant du Traité sur l'UE (ex. : Lorsque le Conseil statue, sur proposition du haut représentant de l'Union, sur l'organisation et le fonctionnement du service européen pour l'action extérieure – art. 27 § 3, TUE) et du Traité sur le fonctionnement de l'UE (ex. : Lorsque le Conseil arrête des mesures concernant la sécurité sociale ou la protection sociale – art. 21 § 3, TFUE ; Lorsque le Conseil adopte des directives établissant les mesures de coordination et de coopération nécessaires pour faciliter le droit à la protection diplomatique et consulaire reconnu aux citoyens de l'UE – art. 23 al. 2, TFUE ; Lorsque le Conseil arrête des dispositions touchant à l'harmonisation des législations relatives à la fiscalité indirecte – art. 113, TFUE).

Dans ces différents domaines, le Conseil ne peut donc valablement adopter un acte de droit dérivé proposé par la Commission européenne qu'après avoir reçu l'avis du Parlement européen même si le Conseil n'est pas tenu de suivre cette consultation. La Cour de justice veille au respect de la procédure consultative qui constitue selon elle « *l'expression d'un principe fondamental, selon lequel les peuples participent à l'exercice du pouvoir par l'intermédiaire d'une assemblée représentative* » (*CJ, 5 juillet 1995, aff. C-21/94, Parlement c. Conseil, Rec. 1995, p. I-1827*). Le Conseil doit enclencher cette procédure de consultation chaque fois qu'il entend apporter des modifications substantielles à la proposition de la Commission européenne (*CJ, 10 juin 1997, aff. C-392/95, Parlement c. Conseil, Rec. 1997, p. I-3213*). Le Parlement européen est tenu pour sa part de rendre un avis dans un délai raisonnable afin de permettre au Conseil d'adopter l'acte législatif en temps utile (*CJ, 10 juin 1997, aff. C-392/95, Parlement c. Conseil, Rec. 1997, p. I-3213*).

- L'approbation du Parlement européen

La procédure d'approbation, dénommée avant l'entrée en vigueur du Traité de Lisbonne la procédure d'avis conforme, a été introduite par l'Acte unique européen. Lorsque l'approbation du Parlement est requise, le Conseil ou le Conseil européen ne peuvent s'en écarter car elle lie cette institution. Ainsi, l'acte législatif ne peut pas être adopté par le Conseil ou le Conseil européen si le Parlement européen n'exprime pas un vote positif. Cette procédure, qui introduit en définitive un véritable droit de veto au profit du Parlement, s'applique aujourd'hui dans un certain nombre de domaines relevant du Traité sur l'UE (ex. : Lorsque le Conseil constate l'existence d'un risque clair de violation par un État membre des valeurs sur lesquelles l'Union est fondée – art. 7 § 1er, TUE ; Lorsque le Conseil européen constate l'existence d'une violation grave et persistante par un État membre des valeurs sur lesquelles l'Union est fondée – art. 7 § 2, TUE ; Lorsque le Conseil européen adopte une décision fixant la composition du Parlement européen – art. 14 § 2, TUE ; Lorsque le Conseil se prononce sur l'adhésion d'un nouvel État membre – art. 49 al. 1er, TUE) et du Traité sur le fonctionnement de l'UE (ex. : Lorsque le Conseil prend les mesures nécessaires en vue de combattre tout type de discrimination – art. 19 § 1er, TFUE ; Lorsque le Conseil entend compléter les droits en matière de citoyenneté européenne – art. 25 al. 2, TFUE ; Lorsque le Conseil entendra instituer un Parquet européen à partir d'Eurojust pour combattre les infractions portant atteinte aux intérêts financiers de l'UE – art. 86 § 1er, TFUE ; Lorsque le Conseil arrête les dispositions relatives à une procédure uniforme d'élection des membres du Parlement européen – art. 223 § 1er, TFUE ; Lorsque le Conseil entend notamment conclure des accords d'association ou l'accord portant adhésion de l'Union à la Convention européenne de sauvegarde des droits de l'homme – art. 218 § 6, TFUE).

- La décision du Parlement européen

Nouveauté introduite par le Traité de Lisbonne, le Traité sur le fonctionnement de l'UE prévoit qu'une procédure législative spéciale peut également, dans certaines hypothèses, conférer le pouvoir de décision au seul Parlement européen avec l'approbation du Conseil et l'avis ou l'approbation de la Commission européenne. Il en est ainsi lorsque :

- le Parlement, statuant par voie de règlements de sa propre initiative conformément à une procédure législative spéciale, fixe le statut et les conditions générales d'exercice des fonctions de ses membres, après avis de la Commission et avec l'approbation du Conseil (art. 223 § 2, TFUE) ;
- le Parlement, statuant par voie de règlements de sa propre initiative conformément à une procédure législative spéciale, détermine les modalités d'exercice du droit d'enquête après l'approbation du Conseil et de la Commission (art. 226 al. 3, TFUE) ;
- le Parlement, statuant par voie de règlements de sa propre initiative conformément à une procédure législative spéciale, fixe le statut et les conditions générales d'exercice des fonctions du médiateur après avis de la Commission et avec l'approbation du Conseil (art. 228 § 4, TFUE).

Le Traité de Lisbonne institue une nouvelle fois une ***clause passerelle*** susceptible de faire évoluer dans l'avenir le champ d'application de ces procédures législatives spéciales. En effet, lorsque le Traité sur le fonctionnement de l'UE prévoit que des actes législatifs sont adoptés par le Conseil conformément à une procédure législative spéciale, le Conseil européen pourra adopter une décision autorisant l'adoption desdits actes conformément à la procédure législative ordinaire (art. 48 § 7, TUE).

2) Le Parlement européen dans la procédure législative ordinaire

La procédure législative ordinaire, dénommée initialement la procédure de codécision, a été introduite par le traité de Maastricht puis étendue ensuite par ceux d'Amsterdam et de Nice au point que la quasi-totalité de la législation de l'Union relevait de la procédure de codécision. Dès lors, il n'est pas surprenant que le Traité de Lisbonne consacre la codécision au rang de procédure législative ordinaire, c'est-à-dire comme la procédure principale de l'UE. La procédure législative ordinaire, prévue à l'article 294 paragraphe 2 TFUE, place ***le Conseil et le Parlement européen sur un pied d'égalité pour l'adoption d'un acte législatif***. Cette procédure repose sur une ***possible triple lecture*** de la proposition émise par la Commission européenne.

La procédure législative ordinaire se présente schématiquement ainsi. Dans un premier temps, la Commission européenne présente une proposition au Parlement et au Conseil. En ***première lecture***, le Parlement européen arrête sa position et la transmet au Conseil. Si le Conseil approuve la position du Parlement européen, l'acte concerné est adopté dans la formulation qui correspond à la position du Parlement européen. Si le Conseil n'approuve pas la position du Parlement européen, il adopte sa propre position en première lecture et la transmet au Parlement européen. **En *seconde lecture***, le Parlement doit se prononcer dans un délai de trois mois à compter de la réception de la position en première lecture du Conseil. Trois possibilités s'offrent alors à lui :

Si le Parlement européen approuve la position du Conseil en première lecture ou ne s'est pas prononcé, l'acte est réputé adopté dans la formulation qui correspond à la position du Conseil. Si le Parlement rejette, à la majorité des membres qui le composent, la position du Conseil en première lecture, l'acte proposé est réputé non adopté. Enfin, si le Parlement propose, à la majorité des membres qui le composent, des amendements à la position du Conseil en première lecture, le texte ainsi amendé est transmis au Conseil et à la Commission, qui émet un avis sur ces amendements. Dans un délai de trois mois après cette réception des amendements du Parlement, le Conseil doit alors se prononcer : soit il approuve tous les amendements du Parlement (à la majorité qualifiée pour les amendements ayant fait l'objet d'un avis positif de la Commission et à l'unanimité pour ceux ayant fait l'objet d'un avis négatif) et l'acte est réputé adopté ; soit il refuse tout ou partie des amendements du Parlement et le président du Conseil, en accord avec celui du Parlement européen, convoque alors le ***comité de conciliation*** dans un délai de six semaines. Le comité de conciliation, qui réunit les membres du Conseil et autant de membres représentant le Parlement, a pour mission d'aboutir dans un délai de six semaines à un accord sur un projet commun à la majorité qualifiée des membres du Conseil et à la majorité des membres représentant le Parlement sur la base des positions du Parlement et du Conseil en deuxième lecture. Si dans ce délai de six semaines, le comité de conciliation n'approuve pas ce projet commun, l'acte proposé est réputé non adopté. En revanche, si dans ce même délai, le comité de conciliation approuve ce projet commun, s'engage alors une ***troisième lecture***. Le Parlement européen et le Conseil disposent chacun d'un délai de six semaines à compter de cette approbation pour adopter l'acte concerné conformément à ce projet, le Parlement européen statuant à la majorité des suffrages exprimés et le Conseil à la majorité qualifiée. À défaut, l'acte proposé est réputé non adopté.

■ *Les compétences au titre de l'action extérieure de l'Union*

L***es attributions du Parlement européen sont relativement réduites dans le cadre de la politique étrangère et de sécurité commune.*** Le Parlement européen apparaît avant tout comme une ***instance consultative***. Ainsi, il est consulté par le Conseil avant de définir par voie de décision l'organisation et le fonctionnement du service européen pour l'action extérieure du haut représentant de l'Union. Le Parlement est également régulièrement consulté par le haut représentant de l'Union sur les principaux aspects et les choix fondamentaux de la politique étrangère et de sécurité commune et de la politique de sécurité et de défense commune. Toutefois, le haut représentant de l'Union l'informe de l'évolution de ces politiques. Par ailleurs, ce dernier veille à ce que les vues du Parlement européen soient dûment prises en considération. Les représentants spéciaux peuvent être associés à l'information du Parlement européen. De plus, le Parlement européen peut ***adresser des questions*** ou ***formuler des recommandations*** à l'intention du Conseil et du haut représentant de l'Union. Il procède deux fois par an à un ***débat sur les progrès réalisés dans la mise en œuvre de la politique étrangère et de sécurité commune***, y compris la politique de sécurité et de défense commune.

■ *Les compétences institutionnelles*

Le Parlement européen dispose d'un ***pouvoir de nomination***. Tout d'abord, le Parlement européen intervient directement dans la procédure de nomination des ***membres de la Commission*** prévue par l'article 17 paragraphe 7 TUE. En effet, le Parlement européen élit tout d'abord le candidat à la fonction de président de la Commission proposé par le Conseil européen (Il peut également rejeter le candidat proposé par cette même institution et la forcer à lui proposer un autre candidat) puis approuve l'ensemble du collège pour que la Commission puisse prendre ses fonctions. Avant de prononcer son vote d'approbation, le Parlement européen procède à des auditions individuelles de chaque « candidat-commissaire » et ce n'est qu'au vu de leur prestation et des mérites de leur candidature que le Parlement décide d'approuver le collège, c'est-à-dire d'accorder sa confiance à la Commission (ce qui signifie concrètement que le Parlement peut également rejeter la composition de la Commission proposée par son président et l'obliger à la revoir). Sans l'assimiler à un vote d'investiture, ce vote d'approbation constitue le pendant de la responsabilité politique de la Commission devant le Parlement. Par ailleurs, le Parlement européen ***élit le médiateur européen*** pour la durée de la législature après chacune de ses élections. Il fixe le statut et les conditions générales d'exercice des fonctions du médiateur après avis de la Commission et avec l'approbation du Conseil. À la requête du Parlement, la Cour de justice peut déclarer démissionnaire le médiateur s'il ne remplit plus les conditions nécessaires à l'exercice de ses fonctions ou s'il a commis une faute grave. De même, le Parlement européen ***nomme d'un commun accord avec le Conseil le contrôleur européen de la protection des données***. Enfin, le Parlement européen est consulté par le Conseil européen sur la nomination des ***membres du directoire de la Banque centrale européenne*** et par le Conseil sur la nomination des ***membres de la Cour des comptes***.

La Cour de justice de l'Union européenne

Chapitre 9

La Cour de justice de l'Union européenne comprend la Cour de justice, le Tribunal et le Tribunal de la fonction publique de l'Union européenne, unique tribunal spécialisé existant à ce jour. Ces juridictions assurent, dans le cadre de leurs attributions respectives, le respect du droit dans l'interprétation et l'application des traités.

La Cour de justice de l'Union européenne a rang d'***institution de l'Union***. Elle comprend la ***Cour de justice***, le ***Tribunal*** et des ***tribunaux spécialisés***. Ces juridictions sont assujetties au ***protocole (n° 3) sur le Statut de la Cour de justice de l'Union européenne*** annexé aux traités.

La ***Cour de justice***, en sa qualité de juridiction originelle des Communautés européennes, constitue l'organe dominant du dispositif de protection juridictionnelle de l'Union européenne. À l'origine, les Communautés européennes comptaient en effet une seule et unique institution juridictionnelle : la Cour de justice. Toutefois, l'évolution croissante du contentieux communautaire et la volonté de respecter des délais de procédure raisonnables avaient conduit cette juridiction à demander au Conseil la création d'un nouvel organe juridictionnel. Le Conseil adjoint donc à la Cour de justice, à compter de 1989, une nouvelle juridiction : le ***Tribunal de première instance – désormais dénommé le Tribunal***. Initialement, la compétence du Tribunal était limitée au contentieux de la fonction publique communautaire et dans le cadre du Traité CE aux recours introduits par les personnes physiques ou morales en matière de concurrence. Les compétences du Tribunal avaient été élargies par la suite à l'ensemble des recours formés par des personnes physiques ou morales, les arrêts du Tribunal de première instance étant susceptibles de pourvois devant la Cour de justice. L'évolution la plus décisive découle du ***Traité de Nice*** car ce dernier introduit une ***importante réforme du système juridictionnel de l'Union***. Tout d'abord, le Tribunal devient le ***juge de droit commun*** pour l'ensemble des recours directs à l'exception du recours en manquement qui demeure de la seule compétence de la Cour de justice. Les décisions rendues en première instance par le Tribunal peuvent faire l'objet d'un pourvoi devant la Cour de justice limité aux questions de droit. De plus, le Traité de Nice introduit la possibilité pour le Conseil d'adjoindre à la Cour de justice et au Tribunal, par voie de décision, des ***chambres juridictionnelles – désormais dénommées tribunaux spécialisés*** – chargées de connaître en première instance certaines catégories de recours formés dans des matières spécifiques. Les décisions rendues par les chambres juridictionnelles peuvent faire l'objet d'un pourvoi devant le Tribunal limité aux questions de droit. Le ***Tribunal de la fonction publique de l'Union européenne*** constitue à ce jour le seul tribunal spécialisé instauré par le Conseil en novembre 2004.

La Cour de justice de l'UE ne dispose pas d'une compétence générale et ne peut donc statuer que dans la mesure où elle s'est vue attribuer expressément compétence pour le faire par les traités. Ainsi, les compétences qui lui sont conférées sont donc de nature attributive. La Cour de justice, le Tribunal et le Tribunal de la fonction publique de l'Union européenne assurent, dans le cadre de leurs compétences respectives, ***le respect du droit dans l'interprétation et l'application des traités***.

La Cour de justice de l'UE siège à ***Luxembourg***. Depuis 1952, les juridictions de l'Union ont rendu plus de ***26 000 arrêts et ordonnances***.

1 La Cour de justice

La composition

La Cour de justice est composée d'***un juge par État membre***. Elle est assistée de ***neuf avocats généraux*** qui ont pour fonction de présenter publiquement, en toute impartialité et en toute indépendance, un avis juridique motivé, dénommé « conclusions », sur les affaires soumises à la Cour de justice qui requièrent leur intervention conformément au Statut de la Cour de justice de l'UE. Ainsi, les avocats généraux assistent la Cour de justice dans l'accomplissement de sa mission en lui suggérant une solution s'inspirant du droit et sans affronter la contradiction. Les avocats généraux n'interviennent pas dans le délibéré des affaires.

a) La désignation des membres de la Cour de justice et la cessation de leurs fonctions

Les juges et avocats généraux de la Cour de justice sont choisis parmi des personnalités offrant toute garantie d'indépendance et qui réunissent les conditions requises pour l'exercice, dans leurs pays respectifs, des plus hautes fonctions juridictionnelles ou qui sont des jurisconsultes possédant des compétences notoires. Ils sont nommés d'un commun accord par les gouvernements des États membres pour un ***mandat de six ans renouvelable*** après consultation du comité prévu par l'article 255 TFUE. Un ***renouvellement partiel*** des juges et avocats généraux a lieu tous les trois ans.

En dehors des renouvellements réguliers et des décès, les fonctions de juge et d'avocat général peuvent prendre fin individuellement par démission volontaire. Un membre de la Cour ne peut être relevé de ses fonctions, ni déclaré déchu de son droit à pension ou d'autres avantages qu'après un jugement unanime des juges et avocats généraux (auquel l'intéressé ne participe pas) qui viendrait constater qu'il cesse de répondre aux conditions requises pour occuper cette fonction ou de satisfaire aux obligations découlant de sa charge. En cas de démission volontaire, de démission d'office ou de décès, l'intéressé est remplacé pour la durée du mandat restant à courir.

b) Le statut des membres de la Cour de justice

Le Statut de la Cour de justice de l'UE garantit l'indépendance des juges et avocats généraux. Ainsi, avant d'entrer en fonction, les juges et avocats généraux ***prêtent serment***, lors de la première audience publique de la Cour de justice à laquelle ils assistent, d'exercer leurs fonctions en pleine impartialité et en toute conscience et de ne rien divulguer du secret des délibérations. Immédiatement après avoir prêté serment, les membres de la Cour de justice signent une déclaration par laquelle ils prennent l'***engagement solennel*** de respecter les obligations découlant de leur charge pendant la durée de leurs fonctions et après la cessation de celles-ci, notamment le devoir d'honnêteté et de délicatesse quant à l'acceptation, après cette cessation, de certaines fonctions ou de certains avantages. Ils ne peuvent par ailleurs exercer ***aucune fonction politique ou administrative*** ni même, sauf dérogation accordée à titre exceptionnel par le Conseil, ***aucune activité professionnelle rémunérée ou non*** pendant la durée de leurs fonctions. Les membres de la Cour de justice jouissent de l'***immunité de juridiction*** pendant la durée de leurs fonctions et continuent à en bénéficier après la cessation de celles-ci en ce qui concerne les actes accomplis par eux en leur qualité officielle, y compris leurs paroles et leurs écrits. Enfin, les membres de la Cour de justice ne peuvent participer au règlement d'aucune affaire dans laquelle ils sont antérieurement intervenus comme agent, conseil ou avocat de l'une des parties ou sur laquelle ils ont été appelés à se prononcer comme membre d'un tribunal, d'une commission d'enquête ou à tout autre titre. Ils peuvent d'ailleurs, de leur propre initiative, demander au président de la Cour de ne pas participer au jugement ou à l'examen d'une affaire déterminée (le président peut aussi les y inviter d'office).

La Cour de justice a complété en 2007 le Statut de la Cour de justice de l'UE d'un ***code de conduite*** (*JO n° C223 du 22 septembre 2007*) qui clarifie certaines obligations qui en découlent pour les membres de la Cour de justice mais aussi pour ceux du Tribunal et des Tribunaux spécialisés (ex. : obligation de transmettre une déclaration des intérêts financiers lors de l'entrée en fonction des membres de la Cour de justice de l'UE ; obligation de refuser les dons, de quelque nature qu'ils soient, qui puissent mettre en cause l'intégrité des membres de la Cour de justice de l'UE...).

■ *Le fonctionnement*

La Cour de justice établit librement son ***règlement de procédure*** qui est soumis à l'approbation du Conseil. La Cour de justice nomme son ***greffier*** pour un mandat de six ans renouvelable dont elle fixe le statut.

a) La présidence de la Cour de justice

Les juges désignent parmi eux le président de la Cour de justice pour une période renouvelable de trois ans. Le Grec ***Vassilios Skouris*** est président de cette juridiction depuis octobre 2003. Le président occupe une ***place importante dans l'organisation et le fonctionnement de la Cour de justice*** dans la mesure où le Statut de la Cour de justice de l'UE ainsi que le règlement de procédure de la Cour de justice lui confient notamment la charge de diriger les travaux et les services de la Cour assisté par le greffe ; d'ouvrir et de présider les débats et d'exercer la police de l'audience ; d'attribuer une affaire, dès le dépôt de la requête, à une chambre à trois juges en vue des mesures d'instructions éventuelles et de désigner en son sein le juge rapporteur ; d'arrêter le rôle des audiences ; de fixer les dates auxquelles les actes de procédure doivent être produits ; de déterminer la date d'ouverture de la procédure orale après l'accomplissement des mesures d'instruction ; de poser, au cours des débats, des questions aux agents, conseils ou avocats des parties (la même faculté appartient également à chaque juge et à l'avocat général) ; de prononcer la clôture de la procédure orale après les conclusions de l'avocat général ou encore de décider de soumettre une affaire à une procédure accélérée lorsque l'urgence particulière exige que la Cour statue dans les plus brefs délais.

b) Les formations de jugement de la Cour de justice

La Cour de justice dispose d'une grande souplesse pour la répartition des affaires qui lui sont soumises. Elle peut siéger en ***assemblée plénière*** (vingt-huit juges), en ***grande chambre*** (quinze juges) et en ***chambre à cinq ou à trois juges***. La Cour de justice siège en assemblée plénière lorsqu'elle est saisie d'une requête tendant à déclarer démissionnaire le médiateur, le contrôleur européen de la protection des données, un membre de la Commission européenne ou un membre de la Cour des comptes s'ils ne remplissent plus les conditions nécessaires à l'exercice de leurs fonctions ou s'ils ont commis une faute grave. La Cour de justice peut également siéger en assemblée plénière lorsqu'elle estime qu'une affaire dont elle est saisie revêt une importance exceptionnelle. La Cour de justice siège en grande chambre lorsqu'un État membre ou une institution de l'Union qui est partie à l'instance le demande ainsi que pour les affaires particulièrement complexes ou importantes. Enfin, toutes les autres affaires sont examinées par des chambres à cinq ou à trois juges ainsi que celles dont la difficulté, l'importance de l'affaire ou des circonstances particulières ne demandent pas le renvoi devant la grande chambre. Les présidents des chambres à cinq juges sont élus pour trois ans et ceux des chambres à trois juges pour un an. La formation de jugement à laquelle une affaire a été attribuée peut, à tout stade de la procédure, renvoyer l'affaire devant la Cour de justice aux fins de sa réattribution à une formation plus importante.

■ *Les attributions*

Le Traité sur le fonctionnement de l'UE confère des ***compétences consultatives et juridictionnelles*** à la Cour de justice.

a) Des fonctions consultatives

Tout comme le prévoyait auparavant l'article 300 paragraphe 6 TCE, l'article 218 paragraphe 11 TFUE attribue une compétence consultative à la Cour de justice. En effet, cette disposition permet au Parlement européen, au Conseil, à la Commission européenne ou aux États membres de « *recueillir l'avis de la Cour de justice sur la compatibilité d'un accord envisagé avec les traités* ». Il s'agit donc d'une ***procédure exceptionnelle d'avis préalable*** destinée à permettre à la Cour de justice de vérifier, avant la conclusion d'un accord, si celui-ci est compatible avec les dispositions des traités. L'avis rendu par la Cour de justice a un ***caractère obligatoire***. De fait, l'accord qui fait l'objet d'un avis négatif de la Cour ne peut entrer en vigueur qu'après modification de celui-ci ou encore révision des traités. À ce jour, la Cour de justice a rendu une ***vingtaine d'avis*** sur la base de l'article 218 paragraphe 11 TFUE.

b) Des fonctions juridictionnelles

En application du Traité sur le fonctionnement de l'UE, la Cour de justice est notamment compétente pour :

- constater l'inexécution par un État membre des obligations qui lui incombent en vertu des traités ;
- annuler les actes illégaux pris par les institutions, organes et organismes de l'Union ;
- constater toute abstention de statuer des institutions, organes et organismes de l'Union ;

– statuer à titre préjudiciel, sur saisine d'une juridiction nationale, sur l'interprétation des traités ou sur la validité et l'interprétation des actes adoptés par les institutions, organes ou organismes de l'Union ;
– connaître des litiges relatifs à la réparation des dommages causés par les institutions ou par leurs agents dans l'exercice de leurs fonctions ;
– statuer en vertu d'une clause compromissoire contenue dans un contrat de droit public ou de droit privé passé par l'Union ou pour son compte ;
– déclarer l'inapplicabilité d'un acte de portée générale adopté par une institution, un organe ou un organisme de l'Union au titre de l'exception d'illégalité ;
– ordonner le sursis à exécution d'un acte contesté et prescrire les mesures provisoires nécessaires ;
– connaître des pourvois dirigés contre les décisions du Tribunal et limités aux questions de droit ;
– réexaminer, s'il existe un risque sérieux d'atteinte à l'unité ou à la cohérence du droit de l'Union, les décisions rendues par le Tribunal lorsque ce dernier est saisi de recours formés contre les décisions des tribunaux spécialisés ;
– réexaminer, pour les mêmes raisons, les décisions rendues par le Tribunal sur des questions préjudicielles ;
– statuer à titre préjudiciel sur saisine du Tribunal lorsque ce dernier estime que l'affaire dont il est saisi à titre préjudiciel appelle une décision de principe susceptible d'affecter l'unité ou la cohérence du droit de l'Union ;
– constater l'illégalité d'un acte adopté par le Conseil ou par le Conseil européen en vertu de l'article 7 TUE sur demande de l'État membre faisant l'objet d'une constatation du Conseil d'un risque de violation des valeurs sur lesquelles l'UE est fondée ou du Conseil européen d'une violation avérée de ces mêmes valeurs et qu'en ce qui concerne le respect des seules prescriptions de procédure contenues dans l'article 7 TUE ;
– contrôler le respect de l'article 40 TUE relatif à la PESC et se prononcer, dans ce domaine de compétence de l'Union, sur les recours portant sur la légalité des décisions prévoyant des mesures restrictives à l'encontre des personnes physiques ou morales adoptées par le Conseil sur la base du titre V, chapitre 2, du TUE.

2 Le Tribunal

La composition

L'article 19 paragraphe 2 TUE prévoit que le Tribunal (ex-Tribunal de première instance) compte ***au moins un juge par État membre*** (vingt-huit actuellement). À l'exception du président du Tribunal, les autres membres de cette juridiction, qui exercent en principe les fonctions de juge, peuvent être appelés à exercer les fonctions d'avocat général. Dans une telle hypothèse, le membre du Tribunal appelé à exercer la fonction d'avocat général dans une affaire ne peut pas prendre part à son jugement.

a) La désignation des membres du Tribunal et la cessation de leurs fonctions

Les membres du Tribunal de première instance sont choisis parmi les personnes offrant toute garantie d'indépendance et possédant la capacité requise pour l'exercice de hautes fonctions juridictionnelles. Ils sont nommés d'un commun accord par les gouvernements des États membres pour un ***mandat de six ans renouvelable*** après consultation du comité prévu par l'article 255 TFUE. Un ***renouvellement partiel*** a lieu tous les trois ans.

En dehors des renouvellements réguliers et des décès, les fonctions de juge du Tribunal peuvent prendre fin individuellement par démission volontaire. Un membre du Tribunal ne peut être relevé de ses fonctions, ni déclaré déchu de son droit à pension ou d'autres avantages qu'après un jugement unanime des juges et avocats généraux de la Cour de justice, après consultation du Tribunal, qui viendrait constater qu'il cesse de répondre aux conditions requises pour occuper cette fonction ou de satisfaire aux obligations découlant de sa charge. En cas de démission volontaire, de démission d'office ou de décès, l'intéressé est remplacé pour la durée du mandat restant à courir.

b) Le statut des membres du Tribunal

Le statut applicable aux membres du Tribunal garantit leur indépendance. Il est identique à celui des membres de la Cour de justice. La seule différence qu'on peut observer entre les deux réside dans le fait que les membres du Tribunal doivent prêter serment devant la Cour de justice avant leur entrée en fonction d'exercer leurs fonctions en pleine impartialité et en toute conscience et de ne rien divulguer du secret des délibérations.

Le fonctionnement

Le Tribunal est maître de son organisation interne dans la mesure où il établit, en accord avec la Cour de justice, son ***règlement de procédure*** qui est soumis à l'approbation du Conseil. Le Tribunal dispose d'un ***greffe distinct*** de celui de la Cour de justice mais s'appuie sur les services de cette juridiction pour ses besoins administratifs et linguistiques.

a) La présidence du Tribunal

Les juges désignent parmi eux le président du Tribunal pour une période renouvelable de trois ans. Le Luxembourgeois ***Marc Jaeger*** est président de cette juridiction depuis septembre 2007. Le président du Tribunal dispose de prérogatives identiques à celles dont bénéficie le président de la Cour de justice. On peut tout au plus constater comme différence le fait qu'il désigne le juge appelé à exercer les fonctions d'avocat général dans les affaires soumises au Tribunal, qu'il prononce la clôture de la procédure orale à la fin des débats lorsque dans une affaire un avocat général n'a pas été désigné et qu'il prend par ordonnance la décision de suspension de la procédure notamment lorsque la Cour de justice et le Tribunal sont saisis d'affaires ayant le même objet, soulevant la même question d'interprétation ou mettant en cause la validité du même acte.

b) Les formations de jugement du Tribunal

Le Tribunal siège en principe en ***chambres composées de trois ou de cinq juges***. Les juges élisent parmi eux les présidents de chambres qui exercent alors les pouvoirs du président du Tribunal. Les présidents des chambres à cinq juges sont élus pour une période de trois ans renouvelable une fois. L'affaire doit être jugée par une chambre composée d'au moins cinq juges lorsqu'un État membre ou une institution partie à l'instance le demande. À titre exceptionnel, le Tribunal peut également siéger en ***grande chambre*** ou en ***assemblée plénière*** lorsque la difficulté en droit, l'importance de l'affaire ou des circonstances particulières le justifient. Enfin, le Tribunal peut également siéger à ***juge unique***. En effet, les affaires attribuées à une chambre de trois juges peuvent être jugées par le juge rapporteur en tant que juge unique lorsqu'elles s'y prêtent compte tenu de l'absence de difficulté des questions de droit ou de fait soulevées, de l'importance limitée de l'affaire et de l'absence de circonstances particulières sauf si un État membre ou une institution partie à l'instance s'y oppose. Toutefois, la dévolution à un juge unique est exclue dans certaines circonstances comme notamment pour les affaires qui soulèvent des questions relatives à la légalité d'un acte de portée générale ou encore qui concerne la mise en œuvre des règles de concurrence et de contrôle des concentrations ou des règles visant les mesures de défense commerciale. Le juge unique conserve toujours la possibilité de renvoyer l'affaire devant la chambre s'il constate que les conditions de la dévolution ne sont plus réunies.

Les attributions

L'article 256 TFUE dispose que le Tribunal est compétent pour connaître :

- ***des recours en annulation, en carence, en responsabilité contractuelle et extracontractuelle et des litiges entre l'Union et ses agents en première instance*** à l'exception de ceux attribués à un tribunal spécialisé créé en application de l'article 257 TFUE et de ceux que le Statut de la Cour de justice de l'UE réserve à la Cour de justice. Ainsi, l'article 51 alinéa 1er du Statut de la Cour de justice de l'UE comporte plusieurs dérogations à la compétence en première instance du Tribunal de première instance. Par dérogation à l'article 256 TFUE, sont principalement réservés à la Cour de justice les recours en annulation et en carence qui sont formés par un État membre et dirigés contre un acte ou une abstention de statuer du Parlement européen ou du Conseil, ou de ces deux institutions statuant conjointement. Sont également réservés à la Cour de justice les recours en annulation et en carence qui sont formés par un État membre et dirigés contre un acte ou une abstention de statuer de la Commission européenne au titre de l'article 331 paragraphe 1er TFUE. De même, l'article 51 alinéa 2 du Statut de la Cour de justice de l'UE réserve à la compétence de la Cour de justice les recours en annulation ou en carence formés par une institution de l'Union contre un acte ou une abstention de statuer du Parlement européen, du Conseil, de ces deux institutions statuant conjointement ou de la Commission, ainsi que par une institution de l'Union contre un acte ou une abstention de statuer de la Banque centrale européenne. Enfin, depuis décembre 2005, les litiges entre l'Union et ses agents ne relèvent plus en première instance de la compétence du Tribunal mais d'un tribunal spécialisé dénommé le Tribunal de la fonction publique de l'Union européenne ;
- ***des recours qui sont formés contre les décisions des tribunaux spécialisés***. Les décisions rendues en la matière par le Tribunal peuvent exceptionnellement faire l'objet d'un réexamen par la Cour de justice s'il existe un risque sérieux d'atteinte à l'unité ou à la cohérence du droit de l'Union ;
- ***des questions préjudicielles*** dans des matières spécifiques déterminées par le Statut de la Cour de justice de l'UE.

Lorsque le Tribunal estime que l'affaire appelle une décision de principe susceptible d'affecter l'unité ou la cohérence du droit de l'Union, il peut renvoyer l'affaire devant la Cour de justice afin qu'elle statue. Par ailleurs, les décisions rendues par le Tribunal sur des questions préjudicielles peuvent exceptionnellement faire l'objet d'un réexamen par la Cour de justice s'il existe un risque sérieux d'atteinte à l'unité ou à la cohérence du droit de l'Union.

En l'état actuel et malgré l'opportunité introduite par l'article 256 TFUE, le renvoi préjudiciel demeure l'apanage de la Cour de justice qui conserve ainsi le monopole de l'interprétation du droit de l'Union et de l'appréciation de sa validité à la demande des juges nationaux.

Ainsi, ***le Tribunal est aujourd'hui compétent*** pour connaître :

- des recours directs introduits par les personnes physiques ou morales et dirigés contre les actes émanant des institutions, organes et organismes de l'Union – dont elles sont les destinataires ou qui les concernent directement et individuellement –, contre les actes réglementaires – qui les concernent directement et qui ne comportent pas de mesures d'exécution – ou contre une abstention de statuer de ces institutions, organes ou organismes ;
- des recours formés par les États membres contre la Commission européenne ;
- des recours formés par les États membres contre les actes du Conseil relatifs aux aides d'État, les actes du Conseil adoptés en vertu d'un règlement du Conseil relatif aux mesures de défense commerciale et les actes du Conseil par lesquels il exerce des compétences d'exécution ;
- des recours visant à obtenir réparation des dommages causés par les institutions de l'Union ou leurs agents ;
- des litiges relatifs aux contrats de droit public ou de droit privé passés par l'Union s'ils contiennent une clause compromissoire ;
- des recours en matière de marque communautaire ;
- des recours formés contre les décisions de l'Office communautaire des variétés végétales (CVPO) ;
- des recours formés contre les décisions de l'Agence européenne des produits chimiques (ECHA) ;
- des pourvois, limités aux questions de droit, formés contre les décisions du Tribunal de la fonction publique de l'Union européenne.

Les décisions rendues en première instance par le Tribunal peuvent faire l'objet, dans un délai de deux mois, d'un ***pourvoi limité aux questions de droit devant la Cour de justice***. Lorsque le pourvoi est fondé, la Cour de justice annule la décision du Tribunal. La Cour peut alors soit statuer elle-même définitivement sur le litige, lorsque celui-ci est en état d'être jugé, soit renvoyer l'affaire devant le Tribunal pour qu'il statue. En cas de renvoi, le Tribunal est lié par les points de droit tranchés par la décision de la Cour de justice. Lorsque le Tribunal constate qu'il n'est pas compétent pour connaître d'un recours qui relève de la compétence de la Cour de justice, il le renvoie à la Cour. De même, lorsque la Cour de justice constate qu'un recours relève de la compétence du Tribunal elle le renvoie à ce dernier qui ne peut alors décliner sa compétence.

3 Le Tribunal de la fonction publique de l'Union européenne

Le Tribunal de la fonction publique de l'Union européenne (TFPUE) constitue à ce jour l'***unique tribunal spécialisé*** créé en application de l'article 257 TFUE. Instaurée par voie de décision par le Conseil en novembre 2004, cette juridiction est entrée en fonction à compter de décembre 2005.

La composition

Le TFPUE compte actuellement ***sept juges*** mais ce nombre pourra être ultérieurement augmenté par le Conseil si la Cour de justice en exprime la demande.

a) La désignation des membres du Tribunal de la fonction publique

Les membres du Tribunal de la fonction publique sont choisis parmi des personnes offrant toute garantie d'indépendance et possédant la capacité requise pour l'exercice de fonctions juridictionnelles. La particularité de la procédure de désignation des juges au TFPUE réside dans le fait qu'elle repose sur un ***appel public à candidatures***. En effet, toute personne possédant la citoyenneté de l'Union et remplissant les conditions d'indépendance et de capacité professionnelle peut présenter sa candidature. Les juges du Tribunal de la fonction publique sont nommés par le Conseil, statuant à l'unanimité, pour un ***mandat de six ans renouvelable***, après consultation d'un ***comité*** composé de sept personnalités choisies parmi d'anciens membres de la Cour de justice, du Tribunal et de juristes possédant des compétences notoires. Ce comité donne son avis sur l'adéquation des candidats à l'exercice des fonctions de juge du Tribunal de la fonction publique et assortit cet avis d'une liste de candidats possédant l'expérience de haut niveau la plus appropriée.

b) Le statut des membres du Tribunal de la fonction publique

Le statut applicable aux membres du TFPUE garantit leur indépendance. Il est identique à celui des membres de la Cour de justice. Comme c'est également le cas des membres du Tribunal, les juges du TFPUE doivent également prêter serment devant la Cour d'exercer leurs fonctions en pleine impartialité et en toute conscience et de ne rien divulguer du secret des délibérations. Par ailleurs, immédiatement après avoir prêté serment, les juges signent une déclaration par laquelle ils prennent l'engagement solennel de respecter, pendant la durée de leurs fonctions et après la cessation de celles-ci, les obligations découlant de leur charge, notamment les devoirs d'honnêteté et de délicatesse quant à l'acceptation, après cette cessation, de certaines fonctions ou de certains avantages.

■ *Le fonctionnement*

Le Tribunal de la fonction publique établit, en accord avec la Cour de justice, son règlement de procédure qui est soumis à l'approbation du Conseil. Le TFPUE dispose d'un ***greffe propre*** mais s'appuie sur les services de la Cour de justice et du Tribunal pour ses besoins administratifs et linguistiques.

a) La présidence du Tribunal de la fonction publique

Les juges désignent parmi eux le ***président du Tribunal de la fonction publique*** pour une période renouvelable de trois ans. Le Belge ***Sean Van Raepenbusch*** est président du Tribunal de la fonction publique depuis octobre 2011. Le président du TFPUE dirige les travaux et les services de ce tribunal spécialisé et préside l'assemblée plénière, la chambre siégeant à cinq juges et toute chambre siégeant avec trois juges à laquelle il est affecté.

b) Les formations de jugement du Tribunal de la fonction publique

Le Tribunal de la fonction publique statue en ***assemblée plénière***, en ***chambre de cinq juges***, en ***chambres de trois juges*** ou ***à juge unique***. En principe, ce tribunal spécialisé siège en chambre de trois juges. Les juges élisent parmi eux, pour trois ans, les présidents de chambre siégeant avec trois juges. Lorsque la difficulté des questions de droit soulevées, l'importance de l'affaire ou des circonstances particulières le justifient, une affaire peut être renvoyée à l'assemblée plénière ou à la chambre siégeant avec cinq juges. Enfin, les affaires attribuées à une chambre siégeant avec trois juges peuvent être jugées par le juge rapporteur statuant en tant que juge unique, lorsqu'elles s'y prêtent, compte tenu de l'absence de difficulté des questions de droit ou de fait soulevées, de l'importance limitée de l'affaire et de l'absence d'autres circonstances particulières. Le renvoi au juge unique est exclu pour les affaires qui soulèvent des questions relatives à la légalité d'un acte de portée générale.

■ *Les attributions*

Le Tribunal de la fonction publique ***statue en première instance sur le contentieux de la fonction publique de l'Union européenne***, c'est-à-dire sur les litiges entre les institutions, organes et organismes de l'Union et leurs agents en application de l'article 270 du Traité sur le fonctionnement de l'UE et de l'article 152 du Traité CEEA.

Le Tribunal étant compétent pour connaître des recours qui sont formés contre les décisions des tribunaux spécialisés en application de l'article 256 paragraphe 2 TFUE, les décisions rendues en première instance par le TFPUE peuvent donc faire l'objet d'un ***pourvoi devant le Tribunal***. Ce pourvoi est ***limité aux questions de droit***. Lorsque le pourvoi est fondé, le Tribunal annule la décision du TFPUE et statue lui-même sur le litige ou renvoie l'affaire devant le TFPUE pour qu'il statue, lorsque le litige n'est pas en état d'être jugé. En cas de renvoi, le Tribunal de la fonction publique est lié par les points de droit tranchés par la décision du Tribunal de première instance. Enfin, Les décisions rendues par le Tribunal contre les décisions du Tribunal de la fonction publique peuvent faire l'objet ***exceptionnellement d'un réexamen par la Cour de justice s'il existe un risque sérieux d'atteinte à l'unité ou à la cohérence du droit de l'Union***.

Lorsque le TFPUE constate qu'il n'est pas compétent pour connaître d'un recours qui relève de la compétence de la Cour de justice ou du Tribunal, il le renvoie à la juridiction compétente. De même, lorsque la Cour de justice ou le Tribunal constate qu'un recours relève de la compétence du TFPUE, la juridiction saisie le renvoie à ce dernier qui ne peut alors décliner sa compétence. Si le TFPUE et le Tribunal sont saisis d'affaires soulevant la même question d'interprétation ou mettant en cause la validité du même acte, le TFPUE, après avoir entendu les parties, peut suspendre la procédure jusqu'au prononcé de l'arrêt du Tribunal. Enfin, lorsque le TFPUE et le Tribunal sont saisis d'affaires ayant le même objet, le TFPUE décline sa compétence pour que le Tribunal puisse statuer sur ces affaires.

La Cour des comptes

CHAPITRE
10

La Cour des comptes contrôle la régularité et la légalité des recettes et des dépenses de l'Union européenne. Elle s'assure également de la bonne gestion financière.

Instaurée par le Traité de Bruxelles du 22 juillet 1975 et ***élevée au rang d'institution par le traité de Maastricht***, la Cour des comptes est entrée en fonction en octobre 1977. Son siège est à ***Luxembourg***. La Cour des comptes est la ***« conscience financière » de l'Union*** dans la mesure où cette institution examine les comptes de la totalité des recettes et dépenses de l'Union et s'assure de la bonne gestion financière.

1 La composition

La Cour des comptes est composée d'***un ressortissant de chaque État membre***.

La désignation des membres de la Cour des comptes et la cessation de leurs fonctions

Les membres de la Cour des comptes sont choisis parmi des personnalités appartenant ou ayant appartenu dans leurs pays respectifs aux institutions de contrôle externe ou possédant une qualification particulière pour cette fonction. Ils doivent offrir toute garantie d'indépendance. Le Conseil, après consultation du Parlement européen, adopte la liste des membres établie conformément aux propositions faites par chaque État membre. Les membres de la Cour des comptes sont nommés pour ***six ans***. Leur mandat est renouvelable.

En dehors des renouvellements réguliers et des décès, les fonctions de membre de la Cour des comptes peuvent prendre fin individuellement par démission volontaire ou d'office. À la demande de la Cour des comptes, la Cour de justice peut relever de leurs fonctions les membres de la Cour des comptes ou les déchoir de leur droit à pension s'ils ont cessé de répondre aux conditions requises ou de satisfaire aux obligations découlant de leur charge. En cas de démission volontaire, de démission d'office ou de décès, l'intéressé est remplacé pour la durée du mandat restant à courir.

■ *Le statut des membres de la Cour des comptes*

Les membres de la Cour des comptes exercent leurs fonctions en pleine indépendance, dans l'intérêt général de l'Union. Lors de leur installation, ils prennent l'engagement solennel devant la Cour de justice de respecter les obligations découlant de leur charge pendant la durée de leurs fonctions et après la cessation de celles-ci, notamment les devoirs d'honnêteté et de délicatesse quant à l'acceptation, après cette cessation, de certaines fonctions ou de certains avantages. De même, les membres de la Cour des comptes ne sollicitent ni n'acceptent d'instructions d'aucun gouvernement ni d'aucun organisme dans l'accomplissement de leurs devoirs et s'abstiennent de tout acte incompatible avec le caractère de leurs fonctions. Enfin, les membres de la Cour des comptes ne peuvent, pendant la durée de leurs fonctions, exercer aucune activité professionnelle, rémunérée ou non. L'indépendance de la Cour des comptes est également garantie par le fait que cette institution établit elle-même son règlement intérieur qui est soumis à l'approbation du Conseil.

2 Le fonctionnement

■ *La présidence de la Cour des comptes*

La Cour des comptes est dirigée par un président désigné par et parmi les membres de la Cour des comptes pour un mandat de trois ans renouvelable. Le Portugais ***Vitor Manuel da Silva Caldeira*** a été réélu à cette fonction pour un second mandat en janvier 2011. Le président de la Cour joue le rôle de *primus inter pares* (« le premier entre les égaux »). À ce titre, il a notamment pour mission de convoquer et de présider les réunions du collège, de s'assurer de la bonne marche des services de la Cour, de veiller à l'exécution des décisions de la Cour ou encore de représenter la Cour des comptes dans ses relations extérieures.

■ *Le principe de collégialité*

La Cour des comptes est organisée et agit en ***collège***. La Cour décide donc en séance et ses décisions sont adoptées à la majorité des membres qui la composent ou encore à la majorité des membres présents. Les réunions de la Cour ne sont pas publiques en principe sauf si la Cour en décide autrement. En pratique, la Cour des comptes procède toutefois pour des raisons d'efficacité à une répartition fonctionnelle des compétences entre ses membres. Les membres de la Cour des comptes, sauf le président, sont répartis en cinq chambres qui comprennent un certain nombre de divisions spécialisées couvrant les différents domaines budgétaires. Chaque membre de la Cour est affecté à une chambre spécifique sur proposition du président et responsable devant cette chambre et devant la Cour des comptes des tâches qui lui sont confiées. Par ailleurs, la Cour des comptes peut, à condition que le principe de responsabilité collégiale soit respecté, donner pouvoir à un ou à plusieurs membres de prendre, en son nom et sous son contrôle, des mesures de gestion ou d'administration clairement définies, et notamment des actes préparatoires à une décision à arrêter ultérieurement par le collège.

3 Les attributions

Une fonction de contrôle

La Cour des comptes a pour fonction principale d'assister le Parlement européen et le Conseil dans l'exercice de leur fonction de contrôle de l'exécution du budget. À ce titre, elle ***examine les comptes de la totalité des recettes et dépenses de l'Union***, ***vérifie la légalité et la régularité des recettes et dépenses*** et ***s'assure de la bonne gestion financière de l'UE***. Le contrôle des recettes s'effectue sur la base des constatations comme des versements des recettes à l'Union et celui des dépenses sur la base des engagements comme des paiements.

Le contrôle a lieu sur pièces et, au besoin, sur place auprès des autres institutions de l'Union, dans les locaux de tout organe ou organisme gérant des recettes ou des dépenses au nom de l'Union et dans les États membres, y compris dans les locaux de toute personne physique ou morale bénéficiaire de versements provenant du budget de l'UE. Elle examine par ailleurs les comptes de tout organe ou organisme créé par l'Union dans la mesure où l'acte de fondation n'exclut pas cet examen. Contrairement à ce que suggère sa dénomination, la Cour des comptes n'est pas dotée de pouvoirs juridictionnels et ne dispose donc d'aucun pouvoir de sanction. Elle établit un rapport annuel après la clôture de chaque exercice budgétaire qui est transmis aux institutions de l'Union et publié au *Journal officiel de l'Union européenne* accompagné, le cas échéant, des réponses desdites institutions aux observations de la Cour des comptes. C'est notamment sur la base des observations et recommandations formulées par la Cour des comptes dans ce rapport annuel que le Parlement européen vote, en toute connaissance de cause, la décharge de l'exécution du budget à la Commission européenne. C'est également au moment de la publication de son rapport annuel que la Cour des comptes fournit au Parlement européen et au Conseil une déclaration d'assurance concernant la fiabilité des comptes ainsi que la légalité et la régularité des opérations sous-jacentes qui est également publiée au *Journal officiel de l'Union européenne*.

■ *Une fonction consultative*

La Cour des comptes ***doit être consultée*** avant l'adoption de toute législation à caractère financier ou budgétaire. Elle peut également être amenée à émettre un ***avis*** à la demande des autres institutions de l'Union sur tout projet de législation, notamment lorsque ce dernier a une incidence financière significative. Enfin, la Cour des comptes peut, de sa propre initiative et à tout moment, ***présenter ses observations*** sur des questions particulières notamment sous forme de ***rapports spéciaux***.

Les institutions, organes et organismes complémentaires

CHAPITRE
11

Outre les institutions évoquées précédemment, le système institutionnel de l'Union européenne comprend également d'autres institutions, organes et organismes. Certains d'entre eux assurent des fonctions de protection, d'autres des tâches consultatives, d'autres encore des responsabilités financières, d'autres enfin des missions de nature juridique, économique, technique et/ou scientifique au profit des institutions ou des États membres.

La structure institutionnelle de l'Union européenne comprend également des institutions, organes et organismes complémentaires, tantôt prévus par les traités, tantôt créés par les institutions elles-mêmes.

1 Les organes de protection

Le médiateur européen

Le médiateur européen a été instauré par le traité de Maastricht dans l'objectif de rapprocher les citoyens de la construction européenne. Chargé de veiller au bon fonctionnement de l'administration de l'Union, il est institutionnellement lié au Parlement européen. La décision du Parlement européen du 9 mars 1994 fixe son statut et les conditions générales d'exercice de ses fonctions (*JO n° L113 du 4 mai 1994* ; *JO n° L92 du 9 mai 2002*). Le siège du médiateur est celui du Parlement européen.

a) La désignation du médiateur européen

Le médiateur européen est choisi parmi des personnalités qui sont citoyens de l'Union européenne, jouissent pleinement de leurs droits civils et politiques, offrent toute garantie d'indépendance et réunissent les conditions requises dans leur pays d'origine pour exercer les plus hautes fonctions juridictionnelles ou possèdent une expérience et une compétence notoires pour l'accomplissement des fonctions de médiateur.

Le médiateur européen est ***élu par le Parlement européen*** après chacune de ses élections pour la durée de la législature. Ce mandat de ***cinq ans*** est renouvelable. Le Grec ***Nikiforos Diamandouros*** assume les fonctions de médiateur européen depuis avril 2003. Son mandat a été renouvelé par l'actuelle Assemblée parlementaire lors de la séance plénière du 20 janvier 2010.

b) Le statut du médiateur européen

Bien qu'institutionnellement rattaché au Parlement européen, le médiateur européen exerce ses fonctions en toute indépendance et impartialité dans l'intérêt général de l'Union européenne et de ses citoyens. Ainsi, lors de son entrée en fonction, le médiateur prend l'engagement solennel devant la Cour de justice d'exercer ses fonctions en pleine indépendance et en toute impartialité et de respecter les obligations découlant de sa charge pendant la durée de ses fonctions et après la cessation de celles-ci, notamment les devoirs d'honnêteté et de délicatesse quant à l'acceptation, après cette cessation, de certaines fonctions ou de certains avantages. De même, il ne doit ni solliciter ni accepter d'instructions d'aucun gouvernement, institution, organe ou organisme dans l'accomplissement de ses devoirs. De plus, le médiateur doit s'abstenir de tout acte incompatible avec le caractère de ses fonctions. Par ailleurs, il ne peut exercer aucune autre fonction politique ou administrative ou activité professionnelle, rémunérée ou non, pendant la durée de ses fonctions. Enfin, le médiateur peut être déclaré démissionnaire par la Cour de justice, à la requête du Parlement européen, s'il ne remplit plus les conditions nécessaires à l'exercice de ses fonctions ou s'il a commis une faute grave.

c) Les fonctions du médiateur européen

Le médiateur européen est habilité à recevoir les ***plaintes*** émanant de tout citoyen de l'Union ou de toute personne physique ou morale résidant ou ayant son siège statutaire dans un État membre. Ces plaintes sont recevables dès lors qu'elles ont trait à des ***cas de mauvaise administration dans l'action des institutions, organes ou organismes de l'Union***, à l'exclusion toutefois de la Cour de justice de l'UE dans l'exercice de ses fonctions juridictionnelles. Il y a mauvaise administration lorsqu'une institution, un organe ou un organisme de l'Union n'agit pas conformément au droit de l'Union, ne respecte pas le principe de bonne administration ou agit en violation des droits de l'homme. Concrètement, ces hypothèses de mauvaise administration peuvent prendre la forme de discriminations, d'absences ou de refus d'information, d'irrégularités administratives, de retards injustifiés, d'abus de pouvoir ou encore de procédures incorrectes.

Conformément à sa mission, le médiateur européen procède aux ***enquêtes*** qu'il estime justifiées, soit de sa propre initiative, soit sur la base des plaintes qui lui ont été présentées directement ou par l'intermédiaire d'un membre du Parlement européen, sauf si les faits allégués font l'objet d'une procédure juridictionnelle. Avant de saisir le médiateur, tout requérant s'estimant victime d'un cas de mauvaise administration a l'obligation de s'adresser directement à l'institution, à l'organe ou à l'organisme de l'Union incriminé afin d'obtenir gracieusement satisfaction. En cas d'échec de cette démarche, le requérant dispose alors d'un délai de deux ans pour adresser une plainte au médiateur européen.

Dans les cas où le médiateur européen constate un cas de mauvaise administration, il saisit l'institution, l'organe ou l'organisme concerné, qui dispose d'un délai de trois mois pour émettre un avis sur ce cas présumé de mauvaise administration. Le médiateur européen transmet ensuite un rapport au Parlement européen et à l'institution, l'organe ou l'organisme concerné dans lequel il propose une solution à l'amiable permettant de remédier au cas de mauvaise administration et de donner satisfaction au plaignant s'il y a eu dépôt d'une plainte. En cas d'échec de cette tentative de conciliation, le médiateur européen peut faire des recommandations à l'institution, l'organe ou l'organisme concerné en vue de résoudre ce cas de mauvaise administration. Si ses recommandations ne sont pas suivies d'effet, le médiateur européen peut alors adresser un rapport spécial au Parlement européen. Si le médiateur européen a été saisi d'un cas de mauvaise administration à la suite d'une plainte, la personne physique ou morale dont elle émane est informée du résultat de ces enquêtes.

Chaque année, le médiateur européen présente un ***rapport*** au Parlement européen sur les résultats de ses enquêtes.

■ *Le contrôleur européen de la protection des données*

L'Union européenne a toujours été très attachée au droit à la protection des données à caractère personnel au point qu'elle lui confère désormais le statut de droit fondamental (art. 8, Charte des droits fondamentaux de l'UE). La directive 95/46/CE du Parlement européen et du Conseil du 24 octobre 1995 relative à la protection des personnes physiques à l'égard du traitement des données à caractère personnel et à la libre circulation de ces données (*JO n° L281 du 23 novembre 1995*) constitue la première pierre de la législation de l'Union en la matière. L'article 286 TCE (remplacé en substance aujourd'hui par l'article 16 TFUE), tel qu'introduit par le Traité d'Amsterdam, renforce cette protection en prévoyant qu'à compter du 1er janvier 1999, les actes adoptés par les institutions relatifs à la protection des personnes physiques à l'égard du traitement des données à caractère personnel et à la libre circulation de ces données sont applicables aux institutions et organes de l'Union. Cet article prévoit par ailleurs l'institution d'un organe indépendant de contrôle chargé de surveiller l'application desdits actes aux institutions et organes de l'Union. Sur le fondement de l'article 286 TCE, le Parlement européen et le Conseil ont adopté le règlement (CE) n° 45/2001 le 18 décembre 2000 relatif à la protection des personnes physiques à l'égard du traitement des données à caractère personnel par les institutions et organes communautaires et à la libre circulation de ces données (*JO n° L8 du 12 janvier 2001*). Ce règlement institue une autorité de contrôle indépendante, dénommée le contrôleur européen de la protection des données (CEPD), ***chargée de surveiller le traitement des données à caractère personnel par les institutions, organes et organismes de l'Union***. La décision n° 1247/2002/CE du Parlement européen, du Conseil et de la Commission du 1er juillet 2002 fixe son statut et les conditions générales d'exercice de ses fonctions (*JO n° L183 du 12 juillet 2002*). Le CEPD est secondé par un contrôleur adjoint chargé de l'assister et de le suppléer en cas d'absence ou d'empêchement.

Le siège du CEPD est à Bruxelles.

a) La désignation du contrôleur européen de la protection des données

Le Parlement européen et le Conseil nomment, d'un commun accord, le CEPD pour une durée de ***cinq ans*** sur la base d'une liste établie par la Commission à la suite d'un appel à candidatures. Son mandat est renouvelable. Le Britannique ***Peter Johan Hustinx*** a été reconduit dans ses fonctions de CEPD pour un deuxième mandat et l'Italien ***Giovanni Buttarelli*** a été nommé contrôleur adjoint. Ils ont tous deux pris leur fonction à compter de janvier 2009.

b) Le statut du contrôleur européen de la protection des données

Le CEPD exerce ses fonctions en toute indépendance. Dans l'accomplissement de ses devoirs, il ne sollicite ni n'accepte d'instructions de quiconque. Il s'abstient de tout acte incompatible avec le caractère de ses fonctions et ne peut exercer aucune activité professionnelle, rémunérée ou non pendant la durée de ses fonctions. Par ailleurs, après la cessation de ses fonctions, le CEPD est tenu de respecter les devoirs d'honnêteté et de délicatesse quant à l'acceptation de certaines fonctions ou de certains avantages. Enfin, le CEPD peut être déclaré démissionnaire par la Cour de justice, à la requête du Parlement européen, du Conseil ou de la Commission, s'il ne remplit plus les conditions nécessaires à l'exercice de ses fonctions ou s'il a commis une faute grave. Ces obligations s'imposent également au contrôleur adjoint.

c) Les fonctions du contrôleur européen de la protection des données

Le CEPD est chargé de ***veiller à ce que les libertés et droits fondamentaux des personnes physiques, notamment leur vie privée, soient respectés par les institutions, organes et***

organismes de l'Union lorsqu'ils procèdent au traitement de données à caractère personnel ou élaborent de nouvelles politiques. Il doit par ailleurs ***promouvoir de bonnes pratiques dans les institutions, organes et organismes de l'Union***. Plus particulièrement, le CEPD remplit une triple mission :

- ***contrôler le traitement de données à caractère personnel effectué par les institutions, organes et organismes de l'Union.*** Le CEPD contrôle que les institutions, organes et organismes traitent licitement les données à caractère personnel notamment des fonctionnaires et autres agents de l'Union mais aussi de toute autre personne physique. Même s'il s'appuie largement sur les délégués à la protection des données désignés dans chaque institution, organe ou organisme de l'Union pour remplir cette mission de contrôle, le CEPD effectue également des ***enquêtes***, soit de sa propre initiative, soit sur la base de réclamations émanant du personnel de l'Union ou d'autres personnes qui estiment que leurs données personnelles n'ont pas été traitées correctement par une institution, un organe ou un organisme de l'Union. Les résultats de ses enquêtes sont communiqués à l'auteur de la réclamation et les mesures nécessaires sont adoptées par l'institution, l'organe ou l'organisme en cause conformément aux conclusions qu'il formule. Le CEPD dispose de prérogatives étendues puisqu'il peut notamment ordonner la rectification, l'effacement ou la destruction de toute donnée à caractère personnel, en interdire temporairement ou définitivement le traitement ou encore intervenir dans des affaires portées devant la Cour de justice de l'UE lorsque les questions soulevées devant cette institution relèvent de ses compétences ;
- ***conseiller les institutions, organes et organismes de l'Union sur les politiques et les textes législatifs touchant à la vie privée***. Le CEPD conseille les institutions, organes et organismes de l'Union sur les propositions de nouveaux textes législatifs et les instruments législatifs non contraignants qui ont une incidence sur la protection des données dans l'Union. Il étudie ainsi l'impact des propositions législatives sur la protection des données et la vie privée. Si besoin est, il formule des recommandations ;
- ***coopérer avec les autorités nationales de même nature afin de garantir une cohérence de la protection des données en Europe.*** Le CEPD coopère avec les autorités nationales de la protection des données afin de promouvoir une cohérence au niveau de la protection des données à caractère personnel dans toute l'Europe. L'objectif de cette coopération est d'aboutir à des normes en matière de protection des données fondées sur des principes communs.

Chaque année, le CEPD présente un ***rapport*** au Parlement européen, au Conseil et à la Commission européenne sur ses activités.

2 Les organes consultatifs

Le Comité économique et social européen et le Comité des régions sont tous deux chargés ***de conseiller et d'assister le Parlement européen, le Conseil et la Commission européenne***. À ce titre, ils ne disposent pas de prérogatives décisionnelles mais exclusivement consultatives.

■ *Le Comité économique et social européen*

Le Comité économique et social européen (CESE) dont le siège est à Bruxelles est une assemblée consultative créée par le Traité CEE. Il assure la représentation et la participation des milieux socio-économiques européens au processus de décision de l'Union. Le CESE est constitué de ***représentants des organisations d'employeurs, de salariés et d'autres acteurs représentatifs de la société civile, en particulier dans les domaines socio-économique, civique, professionnel et culturel***.

a) La désignation des membres du Comité économique et social européen

Les membres du CESE, qui portent le titre de ***conseillers***, sont nommés sur propositions des États membres pour ***cinq ans***. Le Conseil adopte la liste des membres établie conformément aux propositions faites par chaque État membre. Leur mandat est renouvelable. Le Conseil statue après consultation de la Commission européenne. Il peut recueillir l'opinion des organisations européennes représentatives des différents secteurs économiques et sociaux, et de la société civile, concernées par l'activité de l'Union.

L'article 301 alinéa 1er TFUE fixe le nombre maximal des conseillers à ***trois cent cinquante***. Le Conseil, statuant à l'unanimité sur proposition de la Commission européenne, doit adopter une décision fixant la composition du CESE (art. 301 al. 2, TFUE). Tant que cette décision n'est pas adoptée, l'article 7 du Protocole (n° 36) sur les dispositions transitoires annexé aux traités, tel que modifié en dernier lieu par le Traité d'adhésion de la Croatie à l'Union européenne, régit provisoirement la composition et la répartition des membres du CESE entre les États membres. Ainsi, et jusqu'à l'adoption de la décision visée à l'article 301 alinéa 2 TFUE, le nombre des membres du CESE est temporairement augmenté à ***trois cent cinquante-trois*** se répartissant ainsi : Allemagne (24), France (24), Italie (24), Royaume-Uni (24), Espagne (21), Pologne (21), Roumanie (15), Pays-Bas (12), Belgique (12), République tchèque (12), Grèce (12), Hongrie (12), Portugal (12), Suède (12), Autriche (12), Bulgarie (12), Croatie (9), Danemark (9), Slovaquie (9), Finlande (9), Irlande (9), Lituanie (9), Lettonie (7), Slovénie (7), Estonie (7), Chypre (6), Luxembourg (6), Malte (5).

En pratique, ces trois cent cinquante-trois conseillers sont ***répartis en trois groupes*** : le ***groupe des employeurs*** (Groupe I), le ***groupe des salariés*** (Groupe II) et le ***groupe des activités diverses*** (Groupe III) comprenant les autres composantes de la société civile (agriculteurs, artisans, négociants, professions libérales, associations de défense des consommateurs ou de protection de l'environnement, organisations non gouvernementales, membres de la communauté scientifique et du corps enseignant...).

b) Le statut des membres du Comité économique et social européen

Les conseillers ne doivent être liés par ***aucun mandat impératif*** et exercer leurs fonctions en pleine indépendance dans l'intérêt général de l'Union. Ils continuent généralement d'***exercer leur activité professionnelle*** dans leur pays d'origine et ne se rendent à Bruxelles que pour exercer leur mandat. Ils ne sont pas rémunérés pour cette activité mais perçoivent des indemnités fixées par le Conseil. Le CESE élit parmi ses membres son président (le Français ***Henri Malosse*** a été élu lors de la session plénière des 11 au 12 juillet 2012 pour la période 2013-2015) et son bureau pour un mandat de deux ans et demi. Le Comité établit également lui-même son règlement intérieur.

c) Les fonctions du Comité économique et social européen

Le CESE est obligatoirement consulté dans les cas prévus par le Traité sur le fonctionnement de l'UE (ex. : libre circulation des travailleurs, liberté d'établissement, liberté de prestation de services, transports, éducation, emploi, formation professionnelle, protection des consommateurs...).

Le Conseil, la Commission et le Parlement européen peuvent également consulter le CESE dans tous les cas où ils le jugent opportun. S'ils l'estiment nécessaire, le Parlement européen, le Conseil et la Commission impartissent au Comité, pour présenter son avis, un délai qui ne peut être inférieur à un mois à compter de la communication qui est adressée à cet effet au président. À l'expiration du délai imparti, il peut être passé outre à l'absence d'avis. Le Comité peut enfin prendre l'initiative d'émettre un avis dans les cas où il le juge opportun (avis d'initiative).

■ *Le Comité des régions*

Le Comité des régions (CdR) dont le siège est à Bruxelles est un organe consultatif instauré par le traité de Maastricht. Il est composé de ***représentants des collectivités régionales et locales qui sont soit titulaires d'un mandat électoral au sein d'une telle collectivité soit politiquement responsables devant une assemblée élue***. Le régime juridique du CdR est très largement calqué sur celui du CESE tant en ce qui concerne sa composition, son statut que ses compétences.

a) La désignation des membres du Comité des régions

Les membres du CdR, ainsi qu'un nombre égal de suppléants, sont nommés sur propositions des États membres pour ***cinq ans***. Le Conseil adopte la liste des membres titulaires et suppléants conformément aux propositions faites par chaque État membre. Leur mandat est renouvelable. Le Traité d'Amsterdam a institué une incompatibilité entre les fonctions de membre du CdR et de membre du Parlement européen.

L'article 305 alinéa 1er TFUE fixe le nombre maximal des membres du CdR à ***trois cent cinquante***. Le Conseil doit adopter une décision fixant la composition du CdR (art. 305 al. 2, TFUE). Tant que cette décision n'est pas adoptée, l'article 8 du Protocole (n° 36) sur les dispositions transitoires annexé aux traités, tel que modifié en dernier lieu par le Traité d'adhésion de la Croatie à l'Union européenne, régit provisoirement la composition et la répartition des membres du CdR entre les États membres. Ainsi, et jusqu'à l'adoption de la décision visée à l'article 305 alinéa 2 TFUE, le nombre des membres du CdR est temporairement augmenté à ***trois cent cinquante-trois*** se répartissant ainsi : Allemagne (24), France (24), Italie (24), Royaume-Uni (24), Espagne (21), Pologne (21), Roumanie (15), Pays-Bas (12), Belgique (12), République tchèque (12), Grèce (12), Hongrie (12), Portugal (12), Suède (12), Autriche (12), Bulgarie (12), Croatie (9), Danemark (9), Slovaquie (9), Finlande (9), Irlande (9), Lituanie (9), Lettonie (7), Slovénie (7), Estonie (7), Chypre (6), Luxembourg (6), Malte (5).

À l'instar des députés européens, les trois cent cinquante-trois membres du CdR ***siègent en groupes politiques***. Le CdR en compte actuellement quatre : le groupe du Parti populaire européen (PPE), le groupe du Parti des socialistes européens (PSE), le groupe Alliance des démocrates et des libéraux pour l'Europe (ADLE) et le groupe Alliance européenne (AE).

b) Le statut des membres du Comité des régions

Les membres du CdR ne doivent être liés par aucun mandat impératif et exercer leurs fonctions en pleine indépendance dans l'intérêt général de l'Union. Le CdR désigne parmi ses membres son président (l'Espagnol ***Ramón Luis Valcárcel Siso*** a été élu lors de la session plénière du 18 juillet 2012) et son bureau pour un mandat de deux ans et demi. Il établit également son propre règlement intérieur.

c) Les fonctions du Comité des régions

Le CdR est obligatoirement consulté dans les cas prévus par le Traité sur le fonctionnement de l'UE (ex. : éducation, culture, santé publique, cohésion économique, sociale et territoriale, environnement, emploi...) et dans tous les autres cas où l'une de ces deux institutions le juge opportun, en particulier lorsqu'ils ont trait à la coopération transfrontalière. S'ils l'estiment nécessaire, le

Parlement européen, le Conseil et la Commission peuvent fixer un délai au CdR pour présenter son avis, délai qui ne peut être inférieur à un mois à compter de la communication qui est adressée à cet effet au président. À l'expiration de ce délai, il peut être passé outre à l'absence d'avis. Lorsque le Parlement européen, le Conseil ou la Commission procèdent à la consultation obligatoire du CESE, le CdR est alors informé de cette demande d'avis. Le CdR peut, lorsqu'il estime que des intérêts régionaux spécifiques sont en jeu, émettre un avis à ce sujet. Le Comité peut enfin, tout comme le CESE, prendre l'initiative d'émettre un avis dans tous les cas où il le juge utile (avis d'initiative).

3 Les institutions et organes financiers

■ La Banque européenne d'investissement

La Banque européenne d'investissement (BEI), dont le siège est à ***Luxembourg***, est une ***institution financière*** créée par le Traité CEE. Dotée de la personnalité juridique, elle est gérée par le ***conseil des gouverneurs*** composé des ministres des Finances des vingt-huit États membres. Le ***conseil d'administration***, composé de fonctionnaires des États membres et de la Commission européenne, décide de l'octroi des prêts, des garanties et des emprunts. Le ***comité de direction***, organe exécutif collégial et permanent de neuf membres, gère les affaires courantes de la BEI sous la direction d'un président nommé pour six ans par le Conseil des gouverneurs (l'Allemand ***Werner Hoyer*** nommé le 1er janvier 2012). Enfin, le ***comité de vérification***, directement responsable devant le conseil des gouverneurs, est chargé d'assurer la régularité des opérations et des livres de la BEI.

À l'instar de tout organisme bancaire, la BEI dispose d'un capital apporté par ses actionnaires, à savoir les États membres. En effet, la BEI a pour seul actionnaire les vingt-huit États membres qui ont conjointement souscrit son capital (aujourd'hui plus de ***242 milliards d'euros***). Indépendamment de ses ***fonds propres***, la BEI recourt également aux ***marchés des capitaux*** pour compléter ses ressources propres. L'ensemble de ces moyens financiers permet à la BEI ***d'œuvrer au développement équilibré et sans heurt du marché intérieur dans l'intérêt de l'Union*** (cohésion économique, sociale et territoriale, protection et amélioration de l'environnement, développement des réseaux transeuropéens...). Par le biais de prêts et de garanties, la BEI participe ainsi au financement de projets dans tous les secteurs de l'économie. Le Traité de Lisbonne précise désormais que la BEI doit financer plus spécifiquement les projets envisageant la mise en valeur des régions moins développées, les projets visant la modernisation ou la conversion d'entreprises ou la création d'activités nouvelles induites par l'établissement ou le fonctionnement du marché intérieur, qui, par leur ampleur ou par leur nature, ne peuvent être entièrement couverts par les divers moyens de financement existant dans chacun des États membres et enfin ceux d'intérêt commun pour plusieurs États membres, qui, par leur ampleur ou par leur nature, ne peuvent être entièrement couverts par les divers moyens de financement existant dans chacun des États membres. La BEI facilite, dans l'accomplissement de sa mission, le financement de programmes d'investissement en liaison avec les interventions des fonds structurels et des autres instruments financiers de l'Union. Peuvent bénéficier des financements de la BEI aussi bien les projets de développement des ***États membres*** et des ***pays candidats à l'adhésion*** que ceux des ***pays tiers*** au titre de l'aide et de la coopération au développement. Pour la seule année 2012, l'activité de prêt de la BEI a totalisé ***52 milliards d'euros*** lui permettant de financer plus de 400 projets dans les États membres de l'Union mais également dans les pays tiers y compris ceux en voie d'adhésion.

■ *Les institutions et organes de l'Union monétaire*

Le Système européen des banques centrales (SEBC) et la Banque centrale européenne (BCE) constituent les structures définitives de l'Union monétaire. Toutefois, l'ensemble des États membres de l'Union n'ayant pas encore adopté l'euro, un système transitoire dénommé « Eurosystème » a été mis en place.

Les États membres de la zone euro

Depuis le 1er janvier 1999	Allemagne, Autriche, Belgique, Espagne, Finlande, France, Irlande, Italie, Luxembourg, Pays-Bas, Portugal
Depuis le 1er janvier 2001	Grèce
Depuis le 1er janvier 2007	Slovénie
Depuis le 1er janvier 2008	Chypre, Malte
Depuis le 1er janvier 2009	Slovaquie
Depuis le 1er janvier 2011	Estonie

a) Le Système européen des banques centrales et l'Eurosystème

Le SEBC se compose ***de la BCE et des banques centrales nationales de tous les États membres de l'Union européenne***. Toutefois, le SEBC sera opérationnel lorsque tous les États membres de l'UE auront adopté l'euro. Or, comme c'est encore loin d'être le cas (la zone euro comprend actuellement dix-sept des vingt-huit États membres), le conseil des gouverneurs de la

BCE a instauré un dispositif provisoire, dénommé ***Eurosystème***, permettant au SEBC d'accomplir ses missions au sein de la zone euro. Le terme « Eurosystème » est donc utilisé pour désigner la BCE et les banques centrales nationales des États membres ayant adopté l'euro. En l'état actuel de l'Union monétaire, il est donc nécessaire de faire une distinction entre l'Eurosystème et le SEBC dans la mesure où les banques centrales nationales des États membres n'ayant pas adopté l'euro, bien que membres du SEBC, ne sont pas membres de l'Eurosystème et ne participent donc pas à la prise de décisions concernant la politique monétaire de la zone euro ni à leur mise en œuvre.

L'objectif principal de l'Eurosystème est de ***maintenir la stabilité des prix dans la zone euro***. Il appartient donc plus particulièrement à l'Eurosystème de définir et de mettre en œuvre la politique monétaire de la zone euro, de conduire les opérations de change des États membres ayant adopté l'euro, de détenir et gérer les réserves officielles de change des États membres de la zone euro et de promouvoir le bon fonctionnement des systèmes de paiement. Le processus de prises de décision au sein de l'Eurosystème est centralisé au niveau des organes de décision de la BCE, à savoir le conseil des gouverneurs et le directoire. Le Traité sur le fonctionnement de l'UE garantit l'indépendance de l'Eurosystème dans le cadre des missions qui lui sont confiées. Ni la BCE, ni une banque centrale nationale, ni un membre quelconque de leurs organes de décision ne peuvent solliciter ni accepter des instructions des institutions, organes ou organismes de l'Union, des gouvernements des États membres ou de tout autre organisme. Chacun s'engage d'ailleurs à respecter ce principe et à ne pas chercher à influencer les membres des organes de décision de la Banque centrale européenne ou des banques centrales nationales dans l'accomplissement de leurs missions.

b) La Banque centrale européenne

La BCE, dont le siège est à ***Francfort***, est dotée de la personnalité juridique. Organe indépendant ne pouvant ni solliciter ni accepter des instructions des institutions, organes et organismes de l'Union ou des gouvernements des États membres, la BCE a été érigée au rang d'***institution de l'Union*** par le Traité de Lisbonne. Toutes les banques centrales nationales des États membres de l'Union européenne participent au capital de la BCE qui s'élève actuellement à ***10,76 milliards d'euros***.

La BCE comprend trois instances principales : le conseil des gouverneurs, le directoire et le conseil général.

Le ***conseil des gouverneurs*** est l'organe de décision suprême de la BCE. Il est composé des six membres du directoire et des gouverneurs des banques centrales nationales des pays de la zone euro. Présidé par le président du directoire de la BCE, le conseil des gouverneurs est chargé d'arrêter les orientations et décisions nécessaires à l'accomplissement des missions confiées à l'Eurosystème ainsi que de définir la politique monétaire de la zone euro. Le conseil des gouverneurs se réunit deux fois par mois à Francfort. Le ***directoire*** est l'instance de gestion courante et d'exécution de la BCE. Il se compose du président (l'Italien ***Mario Draghi*** depuis le 1er novembre 2011), du vice-président et de quatre autres membres. Ces personnes sont nommées pour une durée de huit ans (mandat non-renouvelable) par le Conseil européen, statuant à la majorité qualifiée, parmi des personnes dont l'autorité et l'expérience professionnelle dans le domaine monétaire ou bancaire sont reconnues. Le directoire est chargé de mettre en œuvre la politique monétaire définie par le conseil des gouverneurs et, dans ce cadre, il donne les instructions nécessaires aux banques centrales nationales. En outre, il prépare les réunions du conseil des gouverneurs et exerce les pouvoirs, y compris de nature réglementaire, qui lui sont délégués par le conseil des gouverneurs. Le ***conseil général*** est un organe transitoire de la BCE qui a vocation à exister tant que tous les États membres de l'Union n'auront pas adopté l'euro. Il se compose du président et du vice-président du directoire ainsi que des gouverneurs des vingt-huit banques centrales nationales des États membres de l'Union. Les autres membres du directoire, le président du Conseil et un membre de la Commission européenne peuvent participer, sans droit de vote, aux réunions du conseil général. Le conseil général dispose de fonctions consultatives et de coordination de la BCE et participe, dans la continuité des missions qui incombaient jusqu'à la création de la BCE à l'Institut monétaire européen, à la préparation d'un éventuel élargissement de la zone euro.

La BCE est la ***gardienne de la stabilité des prix dans la zone euro***. L'une de ses tâches principales est donc maintenir cette stabilité des prix dans la zone euro, d'y juguler l'inflation afin de sauvegarder le pouvoir d'achat de l'euro et de ne pas le laisser s'éroder par l'inflation. Elle s'efforce de garantir que la hausse annuelle des prix à la consommation reste inférieure à 2 %. Elle réalise ses différentes missions en contrôlant l'offre de monnaie et en surveillant l'évolution des prix. Le contrôle de l'offre de monnaie comporte, entre autres, la fixation des taux d'intérêt pour l'ensemble de la zone euro. La BCE est seule habilitée à autoriser l'émission de billets de banque dans la zone euro. Elle peut, dans l'exercice des missions confiées par l'Eurosystème, arrêter des règlements de portée générale, obligatoires dans tous leurs éléments et directement applicables dans tous les États membres, prendre des décisions et émettre des recommandations et avis. La BCE est d'ailleurs habilitée à infliger des amendes et des astreintes aux entreprises en cas de non-respect de ses règlements et décisions dans les limites et selon les conditions arrêtées par le Conseil. Elle doit être consultée par les autres institutions de l'UE sur tout projet d'acte proposé dans les domaines relevant de sa compétence et par les autorités nationales pour tout projet de réglementation dans un domaine qui relève également de sa compétence. La BCE peut, dans les domaines relevant de sa compétence, soumettre des avis aux institutions, organes ou organismes de l'Union appropriés ainsi qu'aux autorités nationales.

4 Les organismes de l'Union

Le développement de certaines politiques et actions de l'Union a conduit la Commission européenne et le Conseil à établir progressivement, en marge des institutions et organes, divers ***organismes***, tantôt dénommé agences, centres, offices, instituts, observatoires ou fondations. Assimilables à des ***établissements publics***, ces organismes ont été instaurés au fil du temps et au cas par cas afin de satisfaire à de nouveaux besoins. Ces organismes spécialisés et décentralisés sont, pour la plupart, dotés de la personnalité juridique et d'une certaine autonomie financière. Ils assurent pour l'essentiel des ***missions déconcentrées de nature juridique, économique, technique et/ou scientifique*** au profit principalement des institutions de l'Union mais également des États membres voire même des milieux intéressés.

L'Union européenne compte actuellement plus de ***trente organismes décentralisés.*** Vingt-cinq agences auparavant liées au premier pilier de l'UE (ex. : l'Agence européenne des médicaments à Londres, l'Agence des droits fondamentaux de l'Union européenne à Vienne, l'Agence européenne pour l'environnement à Copenhague, l'Agence européenne de la sécurité aérienne à Cologne, le Centre européen pour le développement de la formation professionnelle à Thessalonique, la Fondation européenne pour l'amélioration des conditions de vie et de travail à Dublin, l'Agence ferroviaire européenne à Valenciennes, l'Agence européenne pour la sécurité maritime à Lisbonne...), trois agences anciennement liées au second pilier de l'UE (l'Agence européenne de défense à Bruxelles, l'Institut d'études de sécurité de l'Union européenne à Paris et le Centre satellitaire de l'Union européenne à Torrejón) et trois agences précédemment liées au troisième pilier de l'UE (l'Office européen de police dénommé « Europol » à La Haye, le Collège européen de police à Bramshill et l'Unité de coopération judiciaire de l'Union européenne dénommée « Eurojust » à La Haye). L'absence de vision d'ensemble du rôle et de la place dans l'Union européenne des agences précédemment liées au premier pilier de l'UE ainsi que l'hétérogénéité de leurs modes de fonctionnement a conduit le Parlement européen, le Conseil et la Commission européenne à remédier à cette situation en adoptant en 2012 une déclaration commune sur les agences décentralisées de l'Union définissant une approche commune en la matière afin d'en améliorer le fonctionnement et d'en renforcer la cohérence, l'efficacité, la transparence et la responsabilité.

La Cour de justice a validé la création de ces organismes de l'Union sous réserve qu'ils ne soient pas investis d'une compétence discrétionnaire (*CJ, 13 juin 1958, aff. 9/56, Meroni e.a. c. Haute Autorité de la CECA, Rec. 1958, p. 11*) et qu'ils ne disposent pas d'un pouvoir normatif ou de décision obligatoire à l'égard de tiers (*CJ, 26 avril 1977, avis 1/76, Projet d'accord – Fonds européen d'immobilisation de la navigation intérieure, Rec. 1977, p. 754*).

Il existe par ailleurs six ***agences exécutives***. Il s'agit d'organismes dotés de la personnalité juridique, établis par la Commission européenne pour une durée déterminée en application du règlement (CE) n° 58/2003 du Conseil (*JO n° L11 du 16 janvier 2003*), en vue de mettre en œuvre par délégation tout ou partie des programmes de dépenses de l'Union. La Commission demeure toutefois responsable des tâches et du contrôle des activités déléguées à ces agences exécutives puisqu'elles agissent en son nom et sous sa responsabilité. Leur siège est établi au siège de la Commission européenne à Bruxelles ou à Luxembourg.

Enfin, trois ***autorités européennes de surveillance*** ont vues le jour en janvier 2011 afin de prévenir l'accumulation de risques susceptibles de mettre en péril la stabilité de l'ensemble du système financier européen (l'Autorité bancaire européenne, l'Autorité européenne des marchés financiers, l'Autorité européenne des assurances et des pensions civiles).

Annexe
Les grandes dates de l'intégration européenne

La date d'entrée en vigueur des actes cités est indiquée en italiques.

1950	9 mai	Déclaration de Paris de Robert Schuman inspirée par Jean Monnet
1951	18 avril	Signature à Paris du Traité instituant la CECA (*23 juillet 1952*)
1952	27 mai	Signature à Paris du Traité instituant la CED
1954	30 août	Rejet du Traité instituant la CED par l'Assemblée nationale française
1955	1er/3 juin	Conférence de Messine
1956	29/30 mai	Conférence de Venise
1957	25 mars	Signature à Rome des Traités instituant la CEE et CEEA (*1er janvier 1958*)
1958	3/11 juillet	Conférence de Stresa
1965	8 avril	Signature à Bruxelles du Traité instituant un Conseil et une Commission unique des Communautés européennes (dit « traité de fusion des exécutifs ») (*1er juillet 1967*)
	1er juillet	Rupture par la France des négociations portant sur le financement de la PAC. Elle boycotte désormais toutes les réunions du Conseil des ministres et du COREPER (période dite crise de la « chaise vide »)
1966	29 janv.	Compromis de Luxembourg – Dénouement de la crise de la « chaise vide »
1968	1er juillet	Entrée en vigueur de l'union douanière
1969	31 déc.	Fin de la période de transition prévue par le Traité CEE pour la mise en œuvre du marché commun
1970	22 avril	Signature à Luxembourg du Traité portant modifications de certaines dispositions budgétaires [Substitution du système de financement des Communautés par contributions des États par celui des ressources propres, mise en place d'un budget unique pour les trois Communautés] (*1er janvier 1971*)
	8 oct.	Rapport Werner sur l'Union économique et monétaire
	27 oct.	Rapport Davignon sur la coopération politique
1972	22 janvier	Signature par le Danemark, l'Irlande, la Norvège et le Royaume-Uni des Traités d'adhésion aux Communautés (*1er janvier 1973*)
	25 sept.	Référendum en Norvège – Rejet de l'adhésion aux Communautés (53,5 %)

1974	9/10 déc.	Sommet de Paris [Institution du Conseil européen, décision relative à l'élection du Parlement européen au suffrage universel direct]
1975	22 juillet	Signature à Bruxelles du Traité portant modifications de certaines dispositions budgétaires [Institution de la Cour des comptes, possibilité pour le Parlement européen de rejeter le budget et de donner décharge à la Commission sur l'exécution de celui-ci] (*1er juin 1977*)
1976	7 janvier	Rapport Tindemans sur l'UE
	20 sept.	Décision 76/787/CECA, CEE, CEEA des Représentants des États membres réunis au sein du Conseil relative à l'Acte portant élection des représentants à l'Assemblée au suffrage universel direct (*1er juillet 1978*)
1978	4/5 déc.	Conseil européen de Bruxelles [Décision relative à la création du Système monétaire européen (SME) sur la base d'une unité de compte européenne (ECU)] (*13 mars 1979*)
1979	28 mai	Signature par la Grèce du traité d'adhésion aux Communautés (*1er janvier 1981*)
	7/10 juin	Première élection du Parlement européen au suffrage universel direct
1982	23 fév.	Référendum au Groenland (territoire autonome appartenant au Danemark) – Retrait des Communautés européennes
1983	17/19 juin	Conseil européen de Stuttgart [Signature de la Déclaration solennelle sur l'UE]
	14 sept.	Présentation au Parlement européen d'un projet de Traité instituant l'UE par le député européen Spinelli
1984	14 fév.	Adoption par le Parlement européen du projet de Traité instituant l'UE (dit « projet Spinelli »)
	14/17 juin	Seconde élection du Parlement européen au suffrage universel direct
	25/26 juin	Conseil européen de Fontainebleau [Accord sur le montant de la compensation financière accordée au Royaume-Uni afin de réduire sa contribution au budget communautaire]
1985	12 juin	Signature par l'Espagne et le Portugal des Traités d'adhésion aux Communautés (*1er janvier 1986*)
	14 juin	Signature de l'Accord de Schengen
1986	17 et 28 fév.	Signature à Luxembourg et à La Haye de l'Acte unique européen (*1er juillet 1987*)
1987	14 avril	Candidature à l'adhésion aux Communautés de la Turquie

1988	24 oct.	Décision 88/591/CECA, CEE, Euratom du Conseil instituant un Tribunal de première instance des Communautés européennes
1989	12 avril	Rapport du Comité Delors sur l'Union économique et monétaire
	15/18 juin	Troisième élection du Parlement européen au suffrage universel direct
	9 nov.	Chute du mur de Berlin
1990	19 juin	Signature de la Convention de Schengen (*26 mars 1995*)
	1er juillet	Début de la première phase de l'Union économique et monétaire
1992	7 fév.	Signature à Maastricht du Traité sur l'UE (*1er novembre 1993*)
	2 mai	Signature à Porto du Traité instituant l'Espace Économique Européen (*1er janvier 1994*)
	2 juin	Référendum au Danemark – Refus de ratification du Traité sur l'UE (53,5 %)
1993	1er janvier	Entrée en vigueur du marché intérieur
	18 mai	Référendum au Danemark – Ratification du Traité sur l'UE (56,7 %)
1994	1er janvier	Début de la deuxième phase de l'Union économique et monétaire
	29 mars	Compromis de Ioannina – Fixation des règles de prise de décision à la majorité qualifiée au sein du Conseil dans la perspective de l'élargissement
	9/12 juin	Quatrième élection du Parlement européen au suffrage universel direct
	24 juin	Signature par l'Autriche, la Finlande, la Norvège et la Suède des Traités d'adhésion à l'UE (*1er janvier 1995*)
	28 nov.	Référendum en Norvège – Rejet de l'adhésion à l'UE (52,2 %)
1997	2 oct.	Signature du Traité d'Amsterdam (*1er mai 1999*)
1999	1er janvier	Début de la troisième phase de l'Union économique et monétaire – Adoption de l'euro par l'Allemagne, l'Autriche, la Belgique, l'Espagne, la Finlande, la France, l'Irlande, l'Italie, le Luxembourg, les Pays-Bas et le Portugal
	10/13 juin	Cinquième élection du Parlement européen au suffrage universel direct
2000	28 sept.	Référendum au Danemark – Rejet de l'adhésion à la monnaie unique (53,1 %)
	7 déc.	Signature et proclamation solennelle par les présidents du Parlement européen, du Conseil et de la Commission européenne de la Charte des droits fondamentaux de l'UE en marge du Conseil européen de Nice

2001	1er janvier	La Grèce devient le 12e membre de la zone euro
	26 février	Signature du Traité de Nice (*1er février 2003*)
	7 juin	Référendum en Irlande – Refus de ratification du Traité de Nice (53,95 %)
	14/15 déc.	Conseil européen de Laeken [Adoption de la Déclaration sur l'avenir de l'Union européenne et convocation d'une Convention sur l'avenir de l'Europe présidée par M. Giscard d'Estaing visant à préparer la prochaine conférence intergouvernementale]
2002	1er janvier	Mise en circulation des billets et pièces libellés en euros dans les 12 États membres de la zone euro
	28 fév.	Séance inaugurale de la Convention sur l'avenir de l'Europe
	23 juillet	Expiration du Traité instituant la CECA
	19 oct.	Référendum en Irlande – Ratification du Traité de Nice (62,9 %)
2003	21 fév.	Candidature à l'adhésion à l'UE de la Croatie
	16 avril	Signature à Athènes du Traité d'adhésion de la République tchèque, de Malte, de Chypre, de la Hongrie, de la Pologne, de la Slovaquie, de la Lettonie, de l'Estonie, de la Lituanie et de la Slovénie (*1er mai 2004*)
	19/20 juin	Conseil européen de Thessalonique [Présentation du projet de Traité instituant une Constitution pour l'Europe]
	14 sept.	Référendum en Suède – Rejet de l'adhésion à la monnaie unique (56,1 %)
	4 oct.	Ouverture à Rome de la Conférence intergouvernementale en vue de l'élaboration et de l'adoption de la version finale du Traité établissant une Constitution pour l'Europe
2004	22 mars	Candidature à l'adhésion à l'UE de l'ancienne République yougoslave de Macédoine (ARYM)
	10/13 juin	Sixième élection du Parlement européen au suffrage universel direct
	17/18 juin	Conseil européen de Bruxelles [Accord sur le projet de Traité établissant une Constitution pour l'Europe]
	29 oct.	Signature à Rome du Traité établissant une Constitution pour l'Europe et de l'Acte final
	2 nov.	Décision 2004/752/CE, Euratom du Conseil instituant le Tribunal de la fonction publique de l'UE

2005	25 avril	Signature à Luxembourg du Traité d'adhésion à l'UE de la Roumanie et de la Bulgarie (*1er janvier 2007*)
	29 mai	Référendum en France – Refus de ratification du Traité établissant une Constitution pour l'Europe (54,6 %)
	1er juin	Référendum consultatif aux Pays-Bas – Refus de ratification du Traité établissant une Constitution pour l'Europe (61,6 %)
	3 oct.	Ouverture avec la Croatie et la Turquie des négociations en vue de leur adhésion à l'UE
2007	1er janvier	La Slovénie devient le 13e membre de la zone euro
	25 mars	50e anniversaire de la signature des traités de Rome à Berlin
	21/22 juin	Conseil européen de Bruxelles [Accord sur le projet de Traité modifiant le Traité sur l'UE et le Traité instituant la Communauté européenne]
	23 juillet	Ouverture à Bruxelles de la conférence intergouvernementale en vue de l'élaboration et de l'adoption du Traité modifiant le Traité sur l'UE et le Traité instituant la Communauté européenne
	12 déc.	Signature et proclamation solennelle par les présidents du Parlement européen, du Conseil et de la Commission européenne de la Charte des droits fondamentaux de l'UE adaptée
	13 déc.	Signature du Traité de Lisbonne modifiant le Traité sur l'UE et le Traité instituant la Communauté européenne (*1er décembre 2009*)
2008	1er janvier	Chypre et Malte deviennent les 14e et 15e membres de la zone euro
	12 juin	Référendum en Irlande – Refus de ratification du Traité de Lisbonne (53,40 %)
	15 déc.	Candidature à l'adhésion à l'UE du Monténégro
2009	1er janvier	La Slovaquie devient le 16e membre de la zone euro
	28 avril	Candidature à l'adhésion à l'UE de l'Albanie
	4/7 juin	Septième élection du Parlement européen au suffrage universel direct
	16 juillet	Candidature à l'adhésion à l'UE de l'Islande
	3 oct.	Référendum en Irlande – Ratification du Traité de Lisbonne (67,1 %)
	22 déc.	Candidature à l'adhésion à l'UE de la Serbie
2010	27 juillet	Ouverture avec l'Islande des négociations en vue de son adhésion à l'UE

2011	1er janvier	L'Estonie devient le 17e membre de la zone euro
	9 déc.	Signature à Bruxelles du Traité d'adhésion à l'UE de la Croatie (*1er juillet 2013)*
2012	22 janvier	Référendum en Croatie – Ratification du Traité d'adhésion (66,67 %)
	2 février	Signature à Bruxelles du Traité instituant le mécanisme européen de stabilité (MES) (seulement les États membres de la zone euro)
	2 mars	Signature à Bruxelles du Traité sur la stabilité, la coordination et la gouvernance au sein de l'Union économique et monétaire (TSCG) (communément dénommé « pacte budgétaire ») (tous les États membres à l'exception du Royaume-Uni et de la République tchèque) (*1er janvier 2013*)
	29 juin	Ouverture avec le Monténégro des négociations en vue de son adhésion à l'UE

BIBLIOGRAPHIE

Manuels, ouvrages généraux et recueils de textes

– BERRAMDANE (A.), ROSSETTO (J.), *Droit de l'Union européenne*, Montchrestien, 2010.

– BLUMANN (C.), DUBOUIS (L.), *Droit institutionnel de l'Union européenne*, 4e éd., LexisNexis Litec, 2010.

– BOUTAYEB (C.), *Droit et institutions de l'Union européenne*, 2e éd., LGDJ, 2013.

– CLERGERIE (J.-L.), GRUBER (A.), RAMBAUD (P.), *L'Union européenne*, 9e éd., Dalloz, 2012.

– DOLLAT (P.), *Droit européen et droit de l'Union européenne*, 3e éd., Dalloz, 2010.

– DONY (M.), *Droit de l'Union européenne*, 4e éd., Éditions de l'Université de Bruxelles, 2012.

– DOUTRIAUX (Y.), LEQUESNE (C.), *Les institutions de l'Union européenne après le traité de Lisbonne*, 8e éd., La documentation française, 2010.

– DUBOUIS (L.), GUEYDAN (C.), *Les grands textes du droit de l'Union européenne : Traités – Droit dérivé – Jurisprudence*, 8e éd., Dalloz, 2010.

– FAVRET (J.-M.), *Droit et pratique de l'Union européenne*, 6e éd., Gualino éditeur, 2008.

– GHEVONTIAN (R.), *Droit de l'Union européenne*, 4e éd., Dalloz, 2010.

– ISAAC (G.), BLANQUET (M.), *Droit général de l'Union européenne*, 10e éd., Sirey, 2012.

– JACQUÉ (J.-P.), *Droit institutionnel de l'Union européenne*, 7e éd., Dalloz, 2012.

– Leclerc (S.), *Mémentos LMD – Droit de l'Union européenne. Sources – Caractères – Contentieux*, 3e éd., Gualino éditeur, 2013.

– Leclerc (S.), *Mémentos LMD – Les institutions de l'Union européenne*, 4e éd., Gualino éditeur, 2012.

– Masson (A.), *Droit de l'Union européenne – Droit institutionnel et droit matériel*, 3e éd., Larcier, 2011.

– Pertek (J.), *Droit des institutions de l'Union européenne*, 4e éd., PUF, 2013.

– Rideau (J.), *Droit institutionnel de l'Union européenne*, 6e éd., LGDJ, 2010.

– Roux (J.), *Droit général de l'Union européenne*, 4e éd., LexisNexis Litec, 2012.

– Sauron (J.-L.), *Le puzzle des institutions européennes*, 4e éd., Gualino éditeur, 2010.

– Van Raepenbush (S.), *Droit institutionnel de l'Union européenne*, 5e éd., Larcier, 2011.

– Ziller (J.) (dir.), *L'Union européenne – Édition Traité de Lisbonne*, La documentation française, 2008.

Sites officiels des institutions, organes et organismes de l'Union européenne

– Actualité de l'Union européenne :
http://www.europa.eu/newsroom/index_fr.htm

– Banque centrale européenne :
http : //www. ecb.int/ecb/html/index.fr.html

– Banque européenne d'investissement :
http://www.bei.org

– Comité des régions :
http://www.cor.europa.eu

– Comité économique et social européen :
http://www.eesc.europa.eu

– Commission européenne :
http://www.ec.europa.eu

– Conseil :
http://www.consilium.europa.eu

– Conseil européen :
http://www.european-council.europa.eu

– Contrôleur européen de la protection des données :
http://www.edps.europa.eu

– Cour de justice de l'Union européenne :
http://www.curia.europa.eu

– Cour des comptes :
http://www.eca.europa.eu

– Médiateur européen :
http://www.ombudsman.europa.eu

– Parlement européen :
http://www.europarl.europa.eu

– Portail de l'Union européenne :
http://www.europa.eu/index_fr.htm

– Service européen pour l'action extérieure :
http://www.eeas.europa.eu/index_fr.htm

Sites officiels français

– Centre d'information sur l'Europe :
http://www.touteleurope.eu

– Ministère des affaires étrangères et européennes :
http://www.diplomatie.gouv.fr./fr

– Représentation permanente de la France auprès de l'Union européenne : *http://www.rpfrance.eu*

Achevé d'imprimer par
l'Imprimerie France Quercy, 46090 Mercuès
N° d'impression : 31027 - Dépôt légal : août 2013

Imprimé en France